Lukas Niederberger

Rituale

W0236762

Das Buch

Im Privatleben, in der Arbeitswelt und in allen anderen Lebensbereichen erfahren wir permanente Veränderungen. Alles ist im Fluss. Umso stärker wächst das Bedürfnis nach Konstanten und Zäsuren, nach Stabilität und Halt sowie nach Ankern im Alltag, im Jahreszyklus oder an den Wendepunkten des Lebens.

Rituale thematisieren und verdichten, inszenieren und verdeutlichen, was in unseren Aufbrüchen, Übergängen und Lebensveränderungen an inneren und äußeren Prozessen geschieht. Rituale vermitteln Kontinuität in der Veränderung, Konstanz im Wandel, Sicherheit in der Unsicherheit, Halt auf der Schwelle.

Manche haben ein zwiespältiges Verhältnis zu Ritualen. Einerseits empfinden sie traditionelle Zeremonien, bestimmte Gottesdienste oder Militärparaden als leere Formen ohne Sinngehalt. Andererseits vermissen sie stimmige Symbole und Handlungen bei wichtigen Übergängen im Leben, sei es beim Auszug aus dem Elternhaus, bei Trennungen, Stellen- und Wohnortwechsel oder beim Schritt in den Ruhestand.

Dieses Buch liefert keine pfannenfertigen Rezepte für Rituale in allen Lebenssituationen. Vielmehr will es durch Theorie und viele Fallbeispiele die Leserinnen und Leser ermutigen, eigene Rituale im Alltag, im Jahreszyklus und an Lebenswenden zu gestalten. Auf diese Weise werden unsere zahlreichen Veränderungen und Übergänge bewusster wahrgenommen, und sie erhalten mehr Tiefe, Schönheit und Sinn. Mit Ritualen werden Krisen und Brüche zu Chancen und Aufbrüchen.

Der Autor

Lukas Niederberger, 1964 in St. Gallen (Schweiz) geboren, gestaltet als Theologe und Ritualbegleiter Segnungen von Kindern und Paaren sowie prägende Lebensübergänge wie Kündigungen, Pensionierungen und Abschiede nach Trennung und Tod. Der ehemalige Jesuitenpater leitete bis zum Jahr 2007 das Bildungszentrum Lassalle-Haus Bad Schönbrunn bei Zug (CH). Seither arbeitet er als Redakteur für verschiedene Publikationen. Als Coach berät er Organisationen, Teams, Einzelpersonen und Paare und begleitet diese in Veränderungs- und Entscheidungsprozessen. In Büchern, Artikeln, Vorträgen, Seminaren und Medienauftritten thematisiert er Fragen im Bereich Führung, Ethik, Entscheidungsfindung, Dialog der Religionen, Spiritualität und Rituale. Daneben wirkt er im Vorstand sozialer und kultureller Institutionen. Kontakt: ritualwelt@gmail.com

Lukas Niederberger

Rituale

Was uns Halt gibt

Mit einem Vorwort
von Bischof Felix Gmür

HERDER

FREIBURG · BASEL · WIEN

HERDER spektrum Band 6508

Originalausgabe

Umschlagkonzeption: Agentur RME Roland Eschlbeck
Umschlaggestaltung: Verlag Herder
Umschlagmotiv: © picsfive – Fotolia.com

Satz: Barbara Herrmann, Freiburg
Herstellung: CPI – Clausen & Bosse, Leck

Printed in Germany

ISBN 978-3-451-06508-8

Inhaltsverzeichnis

Rituale geben Halt. Das ist die These des Untertitels des Buches, welches Sie, liebe Leserin, lieber Leser, sich zu lesen anschicken. Mit der These verbindet der Autor einen Wunsch: Es ist zu hoffen, dass Ihnen die Rituale, die Sie feiern, Halt geben.

Wer aktiv Halt sucht, muss innehalten. Dazu muss man sich Zeit nehmen, denn Rituale brauchen zunächst einmal eines: genügend Zeit. Im gewöhnlichen Zeitenlauf setzt das Ritual eine Gegen-Zeit, eine andere Zeit. Sie hebt sich von den Abläufen der notwendigen und wichtigen Verrichtungen des alltäglichen Lebens ab, und deshalb ist sie anders. Aus christlicher Sicht ist entscheidend, dass »anders« nicht »besser« heißt. Es geht nicht um ein Urteil, ob die Momente der Ritualfeiern wertvoller sind als die Momente des Alltags. Rituale sind ja gerade für den Alltag geschaffen. Im Alltag meistern wir das Leben, im Alltag bewähren wir uns, im Alltag sind wir konfrontiert mit Freud und Leid, Glück und Sorgen. Deswegen sollen Rituale gerade im Alltag Halt geben. Sie unterbrechen die Gleichförmigkeit des Einerleis, setzen damit geradezu einen Kontrapunkt und erlauben so einen neuen Blick auf die Geschehnisse des Alltags. Ein Ritual unterbricht die Zeit, strukturiert sie dadurch neu und trägt dazu bei, sie lebbar zu machen. Wer ein Ritual feiert, nimmt sich nicht nur Zeit, sondern eine Auszeit. Die Auszeit wirkt zurück in die Alltagszeit und schenkt einen anderen, einen neuen Blick auf sie.

Die Unterscheidung vom gewöhnlichen Lauf der Dinge im Alltag unterstützt nicht nur die Zeit, gestaltet als Auszeit, sondern auch der Ort, der sich von der gewöhnlichen Umgebung abhebt. Viele gläubige und spirituell suchende Menschen schaffen sich deshalb Gebetsecken, setzen sich auf einen speziellen Stuhl oder ein Kissen, finden einen besonderen Ort in der Natur oder in der Stadt. Ausgezeichnete Orte sind Kirchen und Kapellen. Es sind Orte, die eigens für Ritualfeiern geschaffen wurden. Mit ihren Mauern umschließen sie einen Raum, in dem die Erinnerung an bereits gefeierte Rituale gegenwärtig ist und der wie wenige andere für Rituale sensibilisiert und zu ihrer Feier einlädt. Damit ist ein solcher Raum größer, als man auf den ersten Blick meinen könnte. Ganz in der Gegenwart verankert, einfach da und zugänglich als Ort, der sich für Feiern anbietet, greift er mit seiner Einladung auch weit in die Zukunft aus. Er verbindet Zeiten und öffnet Räume für neue Erfahrungen. Halten wir an einem dieser ausgewählten Orte inne, schaffen wir uns neue Räume. Es sind Räume, die zulassen, was sonst in der Hektik des Alltags verlorenzugehen scheint; Räume, die offen sind für ein Mehr; Räume, die uns einen neuen Boden ertasten lassen.

Rituale finden nicht im luftleeren Raum statt, sondern fügen sich in unser konkretes Leben ein. Deshalb ist der Hinweis auf die gesonderte Zeit und den gewählten Raum so wichtig. Mit den Gewohnheiten verhält es sich zwar ähnlich. Aber das Ritual ist mehr als eine Gewohnheit. Rituale nehmen die Feiernden emotional in Beschlag, und vor allem religiöse Rituale sind offen für existentielle Sinnerfahrungen. Insofern zielen sie auf das Ganze des menschlichen Daseins ab. Gerade die zentralen sakramentalen Ritualfeiern der Kirche zeigen das. Die Taufe und die Eucharistie kommen fest aus der alltäglichen Erfahrung. Die Bezugspunkte sind Wasser und Brot, Reinigung und Nahrung, Geburt und Erneuerung, Gabe und Hingabe, Geschenk und Opfer. Mit den Gesten, Handlungen und Worten, die dem Ritus seine feste, wiederholbare Form geben, gehen sie über das Alltägliche hinaus. Sie zeigen, dass sie von Christus herkommen und zu ihm hinführen. Christliche Rituale stehen deshalb immer im Horizont der Erlösung, welche für jene, die feiern und glauben, im Alltag zur Gewissheit wird und ihm Sinn gibt.

Lukas Niederberger geht es in seinem Buch nicht um die verschiedenen und interessanten Theorien über Rituale. Im Vordergrund stehen die Praxis, ihr Verständnis und ihre Reflexion. In diesem Zusammenhang gefällt mir eine Bemerkung von Ludwig Wittgenstein. Er stand dem rein Rituellen skeptisch gegenüber, »weil es unmittelbar in Fäulnis übergeht«. Er fügt aber an: »Ein Kuss ist freilich auch ein Ritus und er fault nicht, aber eben nur so viel Ritus ist erlaubt als so echt ist, wie ein Kuss«. Wann ist ein Kuss echt? Ein Kuss muss ein Kuss bleiben und nichts anderes sein wollen. Er kann nicht plötzlich zu einem Hauchen oder einem bloßen Lächeln werden, sonst kann die Handlung nicht mehr als Kuss erkannt werden. Und doch muss er sich je nach Begebenheit verändern, damit er zu den Küssenden passt. Der Kuss braucht eine innere Beteiligung, sonst wird er bedeutungslos; aber er braucht keine Worterklärungen, die das Geschehen zerreden. Einen Kuss muss man nicht erklären; er »spricht« für sich selbst.

Auch Rituale sprechen für sich selbst. Um sie zu verstehen, braucht es wie bei einer Sprache praktische Übung und technisches Wissen. Es braucht die rechte innere Verfassung, das heißt totale Präsenz und sozusagen absolutes Interesse und volle Konzentration auf das rituelle Geschehen, als ob sonst nichts anderes von Belang wäre. Es braucht schließlich die Bereitschaft, zu geben und zu nehmen, zu schenken und zu empfangen; es braucht die Bereitschaft, aus sich selbst herauszutreten und zu kommunizieren. Denn wie ein Kuss ist auch ein Ritus ein intensives Kommunikationsgeschehen. Ist der Wille dazu authentisch, stehen die Zeichen gut, dass das Ritual echt ist und eine Wirkung entfalten kann, die unserem Alltag Halt und Sinn gibt.

Ich wünsche Ihnen, liebe Leserin und lieber Leser, eine anregende Lektüre.

Solothurn, im Juli 2012
Dr. Felix Gmür, Bischof von Basel

Hinführung

Liebe Leserin, lieber Leser!

Was erwarten Sie von diesem Buch? Wollen Sie darin mehr erfahren über Bräuche aus anderen Religionen und Kulturen? Über Initiations-, Opfer- oder Reinigungsrituale? Interessieren Sie die geschichtlichen Wurzeln und Entwicklungen, die biblischen Bezüge oder die psychologischen Wirkungen von Ritualen? Suchen Sie mehr Gewissheit, um heilsame von schädlichen – symbolische von diabolischen – Ritualen zu unterscheiden? Wollen Sie die Grenze zwischen Ritualen und Routinehandlungen klarer erkennen und ziehen? Oder suchen Sie konkrete Informationen und Ideen, Übungen und Anleitungen für die bewusstere Gestaltung Ihres Alltags oder für die kommenden Wendepunkte Ihres Lebens?

Dieses Buch will und soll Ihre persönliche Ritualkompetenz fördern. Am Ende der Lektüre sollen Sie die Lust und das Selbstvertrauen spüren, um die Veränderungsprozesse Ihrer vielen kleinen und der wenigen großen Übergänge in Ihrem Leben tiefer zu verstehen und eigenständig zu gestalten oder aktiver mitzugestalten. Dieses Buch bietet viele Impulse, mit denen Sie das Wesen, den Sinn und die Funktionen von Ritualen reflektieren können und am Ende sowohl um die Wichtigkeit und Schönheit als auch um die möglichen Fettnäpfchen und Gefahren von symbolischen Handlungen wissen. Impulse, Ideen und Tipps sind aber keine pfannenfertigen Rezepte. Zwar finden Sie viele Ideen zur Gestaltung vom nächsten runden Geburtstag oder fürs Firmenjubiläum, für die bevorstehende Pensionierung oder die überstandene Scheidung. Ihr Ritual wird aber immer Ihre eigene Note und einzigartige Marke tragen.

Wie in meinen Vorgänger-Büchern über Entscheidungs-findung (2004), Gebet (2006) und engagierte Gelassenheit (2011) habe ich auch diesmal zahlreichen Bekannten einen Katalog mit Fragen zum Buchthema geschickt. Und so fließen viele wertvolle Erfahrungen mitten aus dem Leben verschiedener Zeitgenossen ins Buch ein.

Der dreifache Sinn des Buchtitels

Den Buchtitel »Rituale. Was uns Halt gibt« hat der Herder-Verlag vorgeschlagen. Mir hatten zuvor Titel vorgeschwebt wie: »Mit Ritualen das Leben feiern« oder »Mit Ritualen das Leben mit Sinn und Schönheit erfüllen«. Erst beim längeren Nachdenken konnte ich die Perlen des Buchtitels entdecken. Die Formulierung »Was uns Halt gibt« ist keine laute und effekthaschende Marketing-Blüte, die den Lesern das schnelle Glück verspricht. Und speziell gefällt mir die Mehrdeutigkeit des Titels.

Erstens können wir die Worte »Was uns Halt gibt« lesen im Sinn von: Rituale lassen uns Halt einlegen. Rituale zwingen uns, das Rad, den Fluss und den Trott der Zeit anzuhalten und still zu stehen. Rituale gebieten uns Einhalt und lassen uns inne-halten. Rituale sind wie ein Stopp-Schild für unser Leben und für die rotierende Gesellschaft. Rituale verschaffen uns regelmäßige Verschnaufpausen und ermöglichen uns den Blick zurück und nach vorn, um uns auf unserer Wanderung durchs Leben je neu zu orientieren.

Zweitens können wir die Worte »Was uns Halt gibt« lesen im Sinn von: Rituale verleihen uns Sicherheit und Geborgenheit, Ordnung und Struktur, Identität und Zugehörigkeit. Gerade dadurch, dass Rituale uns mitten in Veränderungsprozessen Halt machen und inne-halten lassen, schenken sie uns Halt und Hilfe, Stütze und Orientierung.

Rituale schenken auch unserem Zusammenleben in der Gesellschaft Rückhalt. Gerade in den raschen Veränderungen und häufigen Brüchen benötigen wir Konstanten, die uns die Kohärenz der eigenen Biografie erkennen lassen. Auch und gerade dann, wenn uns Familie und gesellschaftliche Institutionen immer weniger Halt verleihen.

Drittens ist das Wort »Halt« verwandt mit »Halt-ung« und »In-halt«. Wenn wir uns fragen, was uns im Leben Halt verleiht, dann fragen wir auch nach dem Inhalt und Sinn unseres Lebens. Und wenn wir Werte, die ein Ritual vermittelt, in uns verinnerlichen, entwickeln wir Haltung. Darum lautet die These dieses Buches kurz und knapp: *Wer Halt einlegt und sich Halt verschafft, entwickelt Haltung.*

Viele mögliche Einteilungen von Ritualen

Gerade weil Rituale Gegenstand von mehreren wissenschaftlichen Disziplinen und Theorien sowie von unterschiedlichen Lebens- und Gesellschaftsbereichen sind, existieren zahlreiche Wege und Methoden, Rituale in Kategorien einzuteilen. Es gibt Autoren, die differenzieren biologische Riten (Geburt, Hochzeit, Tod etc.) von kosmischen Riten (Sonnen- und Mondfeste, Erntedank, Winteraustreibung etc.) und sozialen Riten. Manche Ritualwissenschaftler teilen rituelle Handlungsprozesse ein nach der formalen Sprechhandlung oder nach dem Grad der Feierlichkeit und Öffentlichkeit, nach ästhetischem Aufwand oder nach der Anzahl von Beteiligten.

Im Teil I werden wir Rituale zunächst bezüglich der verschiedenen *Lebens- und Gesellschaftsbereiche* thematisieren (Kapitel 3): im persönlichen, partnerschaftlichen, familiären, beruflichen, gesellschaftlich-kulturellen, kirchlichen und politischen Bereich. Im Kapitel 4 werden wir Rituale nach ihren verschiedenen *Seins-Ebenen* unterscheiden: mit der materiellen, der kommunikativen und der transzendenten Dimension. Weiter werden wir Rituale in ihren drei unterschiedlichen *Phasen* betrachten (Kapitel 5): in der Ablösungs-Phase, im Leben auf der Schwelle und im Angliedern an das Neue. Anschließend untersuchen wir im Kapitel 6 die diversen *Funktionen* von Ritualen. Und im Kapitel 7 werden im Sinn einer Check-Liste alle *Bestandteile und Elemente* von Ritualen aufgeführt, die fürs Gelingen einer Symbolhandlung wichtig sind. In den Buchteilen II bis IV thematisieren wir Rituale nach ihrer Häufigkeit oder *Frequenz:* Rituale im Alltag (Teil II), Rituale im Jahreszyklus (Teil III) und Rituale an den großen Wendepunkten unserer Biografie (Teil IV). In diesem Teil betrachten wir die Lebenswende-Rituale entlang der individuellen *Biografie:* von der Geburt über das Erwachsenwerden und die Hochzeit bis zur Pensionierung und zum Tod.

Zwei Hinweise und ein Wunsch

Am Ende jedes Kapitels laden Fragen oder Übungen zur persönlichen Reflexion ein. Dieser pädagogische Aufbau erspart Ihnen quasi ein Seminar. Um Ihre Erfahrungen, Gedanken und Antworten auf die Impulsfragen zu notieren, empfehle ich Ihnen, sich gleich jetzt ein Notizbüchlein zu besorgen oder ein paar leere Blätter ins Buch zu legen. Vielleicht borgen Sie das Buch ja einmal aus, aber lieber nicht mit Ihren persönlichen Notizen.

Manchmal verwende ich bei Aufzählungen ausschließlich die weibliche Form, manchmal nur die männliche. Gemeint sind aber in der Regel beide Geschlechter. Manchmal berichte ich auch von persönlichen Erfahrungen mit konkreten Menschen. Zum Schutz der Betroffenen habe ich sämtliche Namen geändert und die Umstände leicht verfremdet.

Dass Sie durch die Texte, Fragen und Übungen im Buch das Wesen bestehender Ritualen tiefer verstehen sowie Mut und Lust entwickeln zum Kreieren eigener Rituale im Alltag, im Jahreskreis und bei größeren Lebensübergängen, wünsche ich Ihnen von Herzen!

Rigi-Klösterli / Schweiz, im Juli 2012
Lukas Niederberger

I. Erst die Theorie, dann die Praxis

>*»Es gibt nichts Praktischeres als eine gute Theorie.«*
> Kurt Lewin

In diesem Buch wechseln sich Theorie und Praxis, Hintergründe und konkrete Beispiele, Reflexionen und Erfahrungen kontinuierlich ab. Die Theorien erheben keinen akademischen Anspruch, sondern wollen das Wesen und die Dynamik von Ritualen verständlich machen, damit Sie leichter erkennen, warum ein Ritual besonders geeignet und stimmig oder eben unpassend und wirkungslos ist.

1. Hassliebe gegenüber Ritualen

Ich liebe und brauche Wiederholungen.
Nur neu müssen sie sein.
Ich liebe und brauche Veränderungen.
Nur konstant müssen sie sein.

Woran denke ich beim Wort »Rituale«? Und welche Gefühle weckt dieser Begriff in mir? Vor 50 Jahren hätten wohl die meisten an Zeremonien des Nationalsozialismus, an lateinische Messen und an die rigide kirchliche Bußpraxis gedacht. Kein Wunder, dass die 68er-Generation Rituale generell ablehnte. Heute aber löst der Ausdruck »Rituale« mehrheitlich positive Reaktionen aus: *»Spontan denke ich an Beständigkeit, Wertigkeit, Zu-Hause-Gefühl, Sicherheit und Verbindlichkeit«* (♀, 48 Jahre). *»Ich denke an Kinder. Besonders auffällige Kinder brauchen wiederkehrende Rituale«* (♀, 38 Jahre). *»Ich denke an Indianer, an Hexen, an moderne Erziehung, Geburtstage, Hochzeiten, Kirchenfeste«* (♂, 49 Jahre). *»Rituale bedeuten für mich positive Lebenshilfe. Sie bilden ein Gerüst, an das ich mich immer wieder anlehnen kann. Rituale schenken Sinn und Ordnung in meinem manchmal chaotischen Leben«* (♀, 47 Jahre). *»Bei Ritualen kommen mir Naturvölker, Regentanz, Totem, Voodoo und Schamanismus in den Sinn«* (♀, 38 Jahre). *»Erstens bedeuten Rituale, dass ich mir Zeit für mich selbst nehme, um mich je neu zu orientieren, Energie zu tanken und für andere und Neues zu öffnen. Und zweitens bedeuten Rituale, mich mit anderen Menschen zu verbinden, miteinander zu wachsen und etwas Wichtiges zu teilen«* (♀, 40 Jahre). *»Für mich bedeutet Ritual eine Handlung, die Grenzen markiert (Anfang, Ende und Übergang), gewünschte Werte im Wesen der Handelnden verankert und dadurch Haltungen hervorruft. Ein Ritual gipfelt schließlich in einer Verpflichtung, die die Teilnehmer und Teilnehmerinnen eingehen«* (♂, 60 Jahre). *»Ri-*

tuale sind Haltepunkte und Haltgeber, Lebensstützen, Leuchttürme.
Sie helfen, uns durch das Leben zu navigieren. Rituale sind ver-
traute Momente, die bestimmte Emotionen in uns auslösen: Hoff-
nung, Freude, Trost oder Vertrauen« (♂, 61 Jahre). *»Ein Ritual*
ist für mich eine feierliche und bewusste Handlung« (♀, 38 Jahre).
»Rituale müssen mich emotional berühren und aus dem Alltag
herausnehmen. Rituale geben Halt und Sicherheit im Alltag und
Abwechslung im Jahreskreis« (♀, 37 Jahre).

Manche Zeitgenossen haben aber auch eine kritische, skeptische, ablehnende oder zumindest ambivalente Haltung gegenüber Ritualen: *»Ich finde alle Rituale (oder besser: Bräu-*
che) leer, mit denen kein echter innerer Prozess der Akteure ver-
bunden ist, seien es Silvester-Partys oder nationale Feiertage, wo
teure Feuerwerke die geistige Reflexion völlig ersetzt haben« (♂,
49 Jahre). Die Ambivalenz gegenüber Ritualen finde ich manchmal auch erheiternd. Offiziell kritisieren wir das Verschleudern von Steuergeld durch die Königsfamilien von Großbritannien bis Spanien und schauen als überzeugte Demokraten dennoch stundenlang fern, wenn Könige und Prinzen verheiratet, gekrönt oder beerdigt werden.

Fehlende, veraltete oder sinnentleerte Formen

Jubiläen, Ehrungen und Vernissagen in Vereinen, Firmen, Universitäten und Museen können an Eintönigkeit und Fantasielosigkeit oft kaum überboten werden. Selten kommen sie über die Alltagskost hinaus, wo es heißt: Man nehme eine bis zwei Reden, drei Grußworte, zwei gefällige Begleitmusikstücke, nicht jünger als Beethoven, sowie einen biederen Blumenstrauß. Den oft dramatischen Veränderungsprozessen der Teilnehmenden werden diese Feiern nur selten gerecht. Die Wiederholbarkeit von rituellen Handlungen ist gleichzeitig ihre Stärke und ihr Schwachpunkt. Darum müssen

Rituale regelmäßig kritisch hinterfragt werden: Ist das Ritual noch lebendig oder wird es von gewissen Personen oder Gruppen als sinnentleerte Hülle empfunden? Kann und muss man etwas am Ritual verändern, dessen ursprünglichen Sinn verständlicher machen oder das museal gewordene Ritual schlicht abschaffen und durch ein neues ersetzen?

> *Wann, wo und wie spüre ich Hassliebe, Ambivalenz oder ein zwiespältiges Verhältnis gegenüber Ritualen?*
> *Welche Rituale finde ich besonders schön und lebendig?*
> *Welche Rituale sollte man abschaffen?*

Zwischen Brauch und Missbrauch

In allen Kulturen und Religionen weiß man seit Jahrtausenden um die heilende und die zerstörende, die göttliche und die teuflische, die sym-bolische und die dia-bolische Wirkung von Ritualen. Symbolisch wirkt ein Ritual, indem es an etwas erinnert und Menschen oder Situationen vergegenwärtigt. Eine diabolische Funktion hat das Ritual, wenn es trennt, Anstoß hervorruft, verängstigt oder einengt. Dass viele ein ambivalentes Verhältnis gegenüber Ritualen haben, hängt auch damit zusammen, dass Streit und Konflikte, Trennung und Tod ritualisiert werden. Beschneidungen und Verstümmelungen von Frauen und Männern sollten schlicht und ergreifend weltweit geächtet und verboten werden. Gerade in diesem Bereich sind Menschenrechte höher zu bewerten als kulturelle Traditionen oder religiöse Vorschriften. Jede Form von ritueller Gewalt ist abzulehnen. Dass US-amerikanische Bischöfe sich dazu instrumentalisieren lassen, Kriegsgerät zu segnen und Kriegsschiffe sogar auf Namen wie »Trinity« (Dreifaltigkeit) zu taufen, ist absurd.

Gleichzeitig lieben und hassen, brauchen und meiden wir Wiederholungen, Gewohnheiten und Traditionen. Wir leben in einer Grundspannung zwischen Lust nach Veränderung und Bedürfnis nach Wiederholung. Diese Spannung zeigt sich auch in unserem Ritualverhalten, weil Rituale thematisierte und inszenierte Veränderungsprozesse sind. Sigmund Freud wusste, dass uns vor allem rituelle Handlungen durch den Tag tragen und dass sie uns Halt und Sinn geben. Darum differenzierte er zwischen dem alltäglichen Ritual und dem pathologischen Ritual. Freud ging davon aus, dass unfreie Wiederholungen auf innere Ängste und Zwänge zurückgeführt werden können. Er sprach von Zwangsritualen, wenn Menschen ein Ritual nicht ausführen können und darum unruhig, ängstlich, wütend, panisch – oder eben neurotisch – reagieren. Eine Freundin berichtet ein krasses Beispiel: »*Das Leben meines Ex-Partners bestand aus lauter Ritualen: Er schob absolut jeden Abend tiefgekühltes Essen in die Mikrowelle, badete exakt jeden zweiten Tag und aß morgens immer genau die gleichen Zutaten zum Frühstück. Bereits am Vorabend deckte er den Frühstückstisch. Alles, was diese Rituale störte, konnte ihn zum Trinken verleiten*« (♀, 47 Jahre).

Die meisten Neurosen sind laut Freud irgendwann aus Zeremonien, aus »heiligen Handlungen«, hervorgegangen, weshalb eine scharfe Abgrenzung zwischen Neurosen und Ritualen gar nicht möglich sei. Dass die Grenze zwischen Halt-verleihenden Ritualen und Zwangshandlungen fließend sein können, beschrieb mir auch ein heute 50-jähriger Freund: »*Als Kind habe ich mir ständig neue Rituale ausgedacht und damit einen Kuhhandel mit dem lieben Gott getrieben. Zum Beispiel musste ich, während ich allein im Fahrstuhl fuhr, die ganze Zeit die Luft anhalten, damit der Lift nicht steckenblieb (damals wohnten wir in der 4. Etage). Oder wenn ich Treppen hinunter gelaufen bin, musste ich ab der 2. Etage bis zum Erdgeschoss ein Liedchen trällern, um die bösen Geister im Keller zu besänftigen. Ich war ständig dabei, mich an selbstaufgestellte sinnlose Regeln zu halten. Irgendwann machte mich das fast verrückt.«*

Jedes noch so edle Ritual kann mit der Zeit als bedeutungsloser Leerlauf, neurotischer Zwang oder fantasielose Eintönigkeit erfahren werden. Dass sich ein verliebtes Paar täglich ein Dutzend SMS mit Liebeserklärungen schreibt, ist zu Beginn der Beziehung zweifellos wunderschön. Wenn es aber schon bald Vorwürfe hagelt, wenn an einem stressigen Tag die SMS ausbleiben, wird das Ritual zur Zwangshandlung. Oder wenn der Gatte weiß, dass seine Frau gerne Mozart-Kugeln isst, so ist es auch keine rituelle Glanzleistung, wenn er seine Liebste 40 Jahre lang an jedem Geburtstag, Muttertag und Namenstag damit beglückt. Paar- und Familientherapeutinnen wissen darum, dass Rituale Gegebenheiten zementieren und Entwicklungen verhindern können. Rituale stabilisieren Beziehungen, leider auch unglückliche und unerfüllte. Wenn vertraute Rituale vor allem gegen die Angst vor Neuem eingesetzt werden, besteht die Gefahr, dass notwendige neue Entwicklungsschritte, die uns fast immer Angst machen, erschwert oder gar verunmöglicht werden. Auch wenn Rituale in der Sexualität über Jahre hinweg unverändert beibehalten werden, mag das zwar beruhigend, berechenbar und risikoarm sein, aber es wird sich bald einmal Lustlosigkeit einstellen.

➤ *Wann, wo und wie habe ich Rituale bei mir oder anderen als zwanghafte Handlungen erlebt?*
➤ *Welche Hilfen gäbe es in solchen Fällen?*

Rituale sind dem Zahn der Zeit ausgesetzt. Heute duelliert man sich zum Glück nicht mehr wegen einer Ehrverletzung. Manche Rituale verändern sich innerhalb einer einzigen Generation oder weniger Jahre. Ältere Menschen werfen ihre Wahl- und Stimmzettel immer noch feierlich in die Urnen, während Jüngere dies längst per Post und an vielen Orten sogar online erledigen. Dafür entstehen im Zeitalter von Internet und Globalisierung auch neue Rituale: Papst Johannes Paul II. küsste Flughafen-Pisten und täglich erscheinen auf dem Computer-Bildschirm Freundschafts-Anfragen von Facebook-Nutzern. Früher schenkten Patinnen den Kindern Gabeln und Messer zum Geburtstag und zu Weihnachten, damit das Tafelsilber bis zur Volljährigkeit komplett wurde. Heute überweisen sie einen Geldbetrag aufs Konto.

➤ *Bei welchen Ritualen bedaure ich ihr Verschwinden, wo freue ich mich darüber?*
➤ *Welche neuen Rituale finde ich hilfreich, welche nicht?*

Vom Kontinuierlichen zum Punktuellen – vom Institutionellen zum Individuellen

»Meines Erachtens verkommen Rituale immer mehr zu Party-Veranstaltungen. In der Form sind sie sich fast alle gleich. Nur der Anlass ist jeweils ein anderer. Hinzu kommt, dass die Verpflichtungen, die eigentlich mit einem Ritual verbunden sind, völlig in Vergessenheit geraten sind« (♂, 60 Jahre). Weil sich unsere Gesellschaft immer rascher und in verschiedenen Bereichen wandelt, sind auch Rituale stark von diesem Wandel betroffen. Zwei Phänomene lassen sich besonders beobachten:

a) Bedeutungsverlust normgebender Institutionen und Betonung individueller Gestaltungsfreiheit

Bis vor 50 Jahren bestimmten die Kirchen und ausgewählte Autoritätspersonen unhinterfragt das individuelle und gesellschaftliche Leben. Einerseits boten sie den Menschen Halt und Orientierung, anderseits engten sie die persönliche Freiheit ein und sanktionierten Abweichungen. An einem bestimmten Punkt beginnen Menschen diese normgebenden Institutionen abzulehnen und zu verlassen. Die Folge ist eine individuelle Lebensgestaltung und Weltanschauung. Diese gesellschaftliche Veränderung ist mit ein Grund dafür, dass man heute zwar von der Rückkehr des Religiösen sprechen kann, obwohl die Zahl der Kirchenaustritte konstant zunimmt. Religion ist heute weitgehend eine Privatangelegenheit. Und es ist nur logisch, wenn und dass auch die meisten Rituale privatisiert und individualisiert werden. Deutlich sieht man dies bei der Taufe. Für die Kirchen ist sie die Aufnahme eines neuen Mitglieds, die am liebsten in der Gemeinde gefeiert wird. Hingegen betrachten die meisten Eltern dieses Fest inzwischen als intime Familienfeier; manche ziehen deshalb eine Segensfeier vor.

b) Bedeutungsverlust langfristiger Verpflichtungen und Bildung punktueller Gemeinschaft und Engagements

Das Bedürfnis nach Gemeinschaft und Zugehörigkeit ist trotz Individualisierung geblieben. Allerdings äußert es sich heute anders als vor 50 Jahren. Zugehörigkeit, Commitment und Engagement erfolgen heute eher punktuell und virtuell. Dass wir uns heute nicht mehr für Jahrzehnte an Gruppen, Orte und Projekte binden wollen, sondern eher das spontane, kurzfristig und ortsunabhängige Engagement suchen, wirkt sich ebenfalls auf unser Ritualverhalten aus: Die »young urban professionals« (Yuppies) fühlen sich wohler im großen

Sportstadion als am lokalen Fußball-Turnier. Sie gehen lieber als Einzel-Performer an die Love-Parade als zum Karneval in der Musikgruppe. Sie organisieren lieber per SMS und Facebook einen einmaligen Massenauflauf für ein konkretes Umweltanliegen, als jahrelang im Stadtparlament über die Förderung von Grünzonen zu debattieren. Und sie unterzeichnen lieber online innert einer Stunde mehrere Initiativen, als einen Abend in der Dorfkneipe am Stammtisch zu politisieren.

➤ *Wie nehme ich Veränderungen im Bereich Rituale wahr, wenn ich auf die letzten 20 Jahre zurückblicke?*

Kirchliches Ritualmonopol ist passé

Heute verbindet man weder im Volksmund noch in der Wissenschaft den Begriff »Ritual« automatisch und exklusiv mit heiligen Handlungen. In der säkularen Gesellschaft verweisen Rituale zwar auch auf einen höheren Sinnhorizont, aber nicht zwingend auf eine göttliche Transzendenz. Dem heutigen Menschen ist es oft gar nicht so wichtig, streng zwischen religiösen und weltlichen Ritualen zu trennen: *»Ich denke bei Ritualen an Taufe, Kommunion, Hochzeit, Beichte, aber auch an Abendrituale mit Kindern wie Beten, Gute-Nacht-Geschichte und Singen«* (♂, 49 Jahre). *»Ich denke an Sinnlichkeit, an Verbindung mit Transzendenz, die körperlich ist, auch an Gemeinschaft, an gemeinsames Spüren und Suchen nach dem, was uns trägt, nährt, verbindet und zusammenhält«* (♀, 50 Jahre).

Dass Rituale in den Religionen entstanden sind und dort gepflegt und tradiert wurden und werden, steht außer Zweifel. Davon jedoch ein ewiges Monopol im Ritualbereich abzuleiten, ist problematisch. Dass die Kirchen ihre Monopolstellung und Kompetenz in Ritualfragen stark eingebüßt haben, liegt auch daran, dass sie sich seit der Aufklärung auf das Rational-Theoretische konzentriert haben und das Mystische sowie Sinnlich-Ästhetische, das die Bausteine der Rituale bilden, in den Hintergrund stellten. Dass die katholische Kirche vor 50 Jahren in einer Art Angleichung an den Protestantismus das Wort (Bibel und Verkündigung) auf die gleiche Ebene stellte wie das rituelle Mahl, hat zu einer Ent-Ritualisierung und Ver-Wortung der Kirchen geführt. Gleichzeitig inszenieren und fördern weltliche Rituale übergeordnete Sinnzusammenhänge und Werte. Zivilhochzeiten zelebrieren den Wert von Ehe und Familie. Und ein Amtseid drückt die Anerkennung von Werten wie Demokratie und Freiheit, Gemeinwohl und Gerechtigkeit aus.

➤ *Wie nehme ich die Bedeutung oder den Bedeutungsverlust der Kirchen und Religionen im Ritualbereich wahr?*
➤ *Welche Wege und Hilfen gibt es nach meiner Meinung?*
➤ *Welche nicht-religiösen Rituale drücken meiner Meinung nach ethische Werthaltungen aus?*

2. Was macht das Ritual zum Ritual?

Die letzten 80 Jahre habe ich jeden Morgen auf dieselbe Weise begonnen ... Ich gehe ans Klavier und spiele zwei Präludien und zwei Fugen von Bach. Anders kann ich es mir gar nicht vorstellen. Es ist so etwas wie ein Haussegen, aber es bedeutet mir noch mehr: die immer neue Wiederentdeckung einer Welt, der anzugehören ich mich freue. Durchdrungen von dem Bewusstsein, hier dem Wunder des Lebens selbst zu begegnen, erlebe ich staunend das schier Unglaubliche: ein Mensch zu sein. Diese Musik ist niemals dieselbe für mich, niemals! Jeden Tag ist sie wieder neu.«
Pablo Casals (1876–1973)

*Am Morgen eine Schale Blumen aufzustellen, kann uns an einem
überfüllten Tag ein Gefühl der Stille geben – wie ein Gedicht zu
schreiben oder ein Gebet zu sprechen.*
Anne Morrow Lindbergh (1906–2001)

Diese Zitate des katalanischen Cellisten, Komponisten und
Dirigenten sowie der Schriftstellerin und Gattin des Flugpio-
niers Charles Lindbergh drücken gleichzeitig und einzigartig
die Schönheit und Tiefe, den Sinn und das Ziel von Ritualen
aus. Casals erwähnt in seiner beschriebenen Alltagserfahrung
die zentralen Komponenten von Ritualen: die Wiederholbarkeit von Gesten am gleichen Ort und zur gleichen Zeit sowie
den tieferen Sinn und die hohe emotionale Beteiligung. Und
Anne Morrow Lindbergh betont die explizit religiöse Dimension.

Die Welt und unser Alltag sind voller Rituale. Oder scheinen
zumindest so. Denn ist jeder Frühstückskaffee und jeder Griff
zur Zigarette, zur Zeitung oder zur Zahnbürste automatisch
ein Ritual? Was ist überhaupt ein Ritual? Und wie, wann,
warum und wodurch unterscheiden sich Rituale von Routinehandlungen, Zeremonien, Feiern, Festen und Bräuchen?

➤ *Worin unterscheiden sich Rituale und Routine?*
➤ *Was braucht es, um von einem Ritual zu sprechen?*
➤ *Welche Handlungen in meinem Alltag oder im Jahreszyklus
   sind wohl eher Routinehandlungen als Rituale?*
➤ *Wie definiere ich den Begriff »Ritual«?*

In der abendländischen Tradition ist der Ausdruck »Ritual«
für verbindlich festgelegte symbolische Handlungen im religiösen Bereich seit Jahrhunderten verankert. Das *Rituale
Romanum* aus dem Jahre 1614 regelte bis in alle Details litur-
gische Handlungen in der katholischen Kirche. Als rituell

gelten in der deutschen Sprache seit dem 18. Jahrhundert Handlungen, die zu einem Ritus – also zu einem religiösen Brauch – gehören. Dass sich unser Verständnis von Ritualen in den letzten hundert Jahren jedoch verändert hat und weiter ändern wird, zeigen Begriffsdefinitionen aus Lexika verschiedener Jahrzehnte. Meine eigene Definition lautet:

> *Ein Ritual ist eine Handlung oder Handlungsabfolge,*
> *die zu einem bestimmten Zeitpunkt*
> *und an einem bestimmten Ort*
> *einmalig oder regelmäßig*
> *mit emotionaler Beteiligung*
> *und festgelegten, verständlichen und sinnlich wahrnehmbaren Zeichen, Symbolen und / oder Gesten*
> *in einem bestimmten Kontext (kirchlich, politisch, betrieblich, familiär) ausgeführt wird,*
> *um bestimmte Momente im Alltag,*
> *wiederkehrende besondere Zeiten im Jahreskreis*
> *oder Übergangs- und Veränderungsprozesse im Leben*
> *mit einem bewussten Ziel und einem tieferen Sinn zu gestalten*
> *und so Handlungsdispositionen zu schaffen, die in der Zukunft verbindlich wirksam werden können und sollen.*

Manche Teile dieser Definition führe ich gleich hier aus, andere werden im Kapitel 7 näher erläutert.

»… Handlung oder Handlungsabfolge …«
Manchmal bezeichnen wir mit dem Ausdruck Ritual eine einzelne Handlung, zum Beispiel das Anzünden einer Kerze. Und manchmal sprechen wir im Zusammenhang einer Messfeier, einer Hochzeit oder einer Beerdigung von einem Ritual, das allerdings aus vielen verschiedenen Ritualen besteht. Manche Ritualexperten machen darum die Unterscheidung

von Makro- und Mikro-Ritualen. Erstere umfassen ganze Handlungsabfolgen, Letztere einzelne symbolische Gesten.

»... *einmalig oder regelmäßig* ...«
Handlungen werden nicht dadurch zu Ritualen, dass wir sie in unserem Leben oft wiederholen. Rituale sind wiederholbare Gesten, aber müssen innerhalb einer Biografie nicht mehrfach vorkommen. Bei Hochzeiten ist das heute nicht mehr so ganz klar, bei Feiern zu Geburt und Tod allerdings schon.

»... *mit emotionaler Beteiligung* ...«
Wir können völlig gelangweilt und desinteressiert am Fernseher die Hochzeit eines Prinzen oder die Krönung einer Schönheitskönigin verfolgen und der ganze Zirkus bleibt dennoch ein Ritual. Wenn das Ritual aber auch bei den Hauptakteuren keinerlei Emotionen weckt, verkommt das Ritual zum Ritualismus.

»... *in einem bestimmten Kontext* ...«
Rituale werden immer in einem bestimmten sozialen, geschichtlichen und kulturellen Rahmen und Zusammenhang vollzogen. Findet es in einem Sportverein statt oder an einer Parteiversammlung, in der Schule oder an einem politischen Gipfeltreffen, im Gottesdienst oder an einem Fußballspiel? Wenn der Kontext mit seinen bestimmten Regeln nicht klar ist, kann es zu peinlichen Situationen kommen. Etwa wenn ein begeisterter Zuhörer im Konzerthaus nach dem ersten von drei Sinfoniesätzen spontan und begeistert klatscht und sogleich tausend entrüstete Augenpaare auf sich zieht. Oder wenn ein Mann nach Saudi-Arabien reist und den Frauen freundlich die Hand zum Gruß entgegen streckt. Oder wenn jemand beim Empfang der Kommunion in der

katholischen Kirche »Danke« statt »Amen« sagt. Wenn ich am Karneval als Frau, Indianer oder Bär durch die Straßen flaniere, so ist das nicht weiter tragisch. Wenn ich aber beim Vorstellungsgespräch in einer Bank in dieser Aufmachung erscheine, werde ich den Job mit ziemlicher Wahrscheinlichkeit nicht erhalten, sondern lande möglicherweise gar in einer Klinik. Rituale sind nur aus ihrem Kontext heraus verständlich. Viele Rituale sind orts- oder länderspezifisch, andere religionsspezifisch, geschlechterspezifisch oder gelten nur in bestimmten sozialen Schichten und Gruppen. Wieder andere Rituale sind generationsspezifisch. Während ältere Menschen gerne ihren Medikamentenkasten am Esstisch neben ihrem Teller positionieren, um auf ihre zahlreichen Molesten angesprochen zu werden, stylen sich Pubertierende am Samstagabend stundenlang im Bad, als würden sie gleich einen Oscar in Empfang nehmen.

Fließende Grenzen

Die Grenzziehung zwischen Ritualen und anderen wiederholbaren und sinnvollen Handlungen verläuft fließend. Sinngebung ist nicht etwas rein Objektives, sondern geschieht subjektiv. Es existieren immer größere oder kleinere Schnittmengen zwischen einem Ritual und einem Brauch, einer Gewohnheit, einer Sitte, einer Routine, einer Zeremonie, einer Feier oder Performance. Es ist auch eine Frage, wie weit oder eng jemand den Begriff »Ritual« fasst. Es gibt nicht eine absolut richtige Grenzziehung. Einige Beispiele mögen die Unmöglichkeit einer scharfen Grenzziehung veranschaulichen: Der Espresso am Morgen kann für die einen ein Ritual sein, für andere ist er reine Routine, wenn nicht sogar eine Zwangshandlung, weil sie ohne Koffein nicht in die Gänge kommen. Spätestens wenn wir im Wiener Café

Hawelka sitzen oder im römischen Greco, merken wir, dass ein Kaffee mehr ist als ein Kaffee. Zähneputzen wird von den einen als Ritual empfunden und bezeichnet, während andere diese Handlung für reine Routine halten. Auch technische Prozesse wie das Durchlaufen einer Checkliste bei Piloten machen selbstverständlich Sinn. Dennoch spricht wohl kaum jemand von einem Ritual.

➤ *Welche Handlungen im Alltag würde ich nach der Lektüre dieses Kapitels eindeutig als Ritual bezeichnen und welche nicht?*
➤ *Welche Kriterien sind für mich entscheidend, um eine Handlung als Ritual zu bezeichnen oder eben nicht?*

3. Rituale, so weit das Auge reicht

Von der Wiege bis zur Bahre ist das Leben voller Rituale. An Weihnachten und Ostern sind Bezüge zu Ritualen offensichtlich. Sie spielen aber auch eine zentrale Rolle bei Amtseinführungen, Paraden, Empfängen, Konferenzen, sportlichen Events, Schulfesten, Firmenjubiläen, Demonstrationen, Filmauszeichnungen, Miss-Wahlen, Talentwettbewerben, Vereinsanlässen, Polizeivereidigungen, Gerichtsverhandlungen, Spendenscheck-Überreichungen, Schiffstaufen, Kunst-Vernissagen und Richtfesten. Die meisten Ritualstudien befassen sich heute nicht mehr mit Taufe, Hochzeit und Beerdigung, sondern mit speziellen Handlungen und Zeremonien in den Bereichen Sport, Politik, Kunst, Werbung, Ethnologie und Familientherapie. Selbst in Wirtschaftsunternehmen wird heute immer öfter versucht, mit Ritualen Sinn und Identität, Gemeinschaftsgefühl und Motivation von Mitarbeitern und Teams zu fördern, sei es mit Wellnessbädern, Bergsteigen, Feuerlaufen oder Wildwasser-Paddeln.

In diesem Kapitel werden Rituale in den unterschiedlichen Lebens- und Gesellschaftsbereichen thematisiert.

➤ *Als Einstieg ins Thema nehme ich eine Tageszeitung oder Illustrierte zur Hand und betrachte vor allem die Bilder und Überschriften der Artikel.*

➤ *In welchen gesellschaftlichen Bereichen erkenne ich Rituale, die auf etwas Bedeutungsvolles hinter dem Wort, Bild oder der dargestellten Handlung verweisen?*

Bin auch noch da: Persönliche Rituale

Rituale setzen Gemeinschaft voraus und stiften Gemeinschaft. Damit eine Handlung rituellen Charakter bekommt, müssen aber nicht zwingend eine Million Menschen dabei sein wie bei einer Papstmesse oder einer Love Parade. Ich behaupte sogar: Nur wer auch für sich allein ein Ritual stil-, würde- und liebevoll gestalten kann, kann es auch mit anderen und für andere von Herzen tun. Menschen, die sich stark für das Wohl anderer einsetzen, tun sich oft schwer, für sich allein fein zu kochen und bei Kerzenschein zu essen, sich den erholsamen Sonntags-Spaziergang zu gönnen, wenn der Ehemann nicht dabei sein kann oder im Advent die Wohnung zu dekorieren, wenn die Kinder verreist sind und an Weihnachten nicht auftauchen. Gerade bei den kleinen Ritualen im Alltag ist es üblich und stimmig, dass wir die einzigen Teilnehmer am Ritual sind: *»Beim Yoga am Morgen und Abend erhole ich mich körperlich und geistig und nehme als mental veranlagte Frau meinen Körper intensiv wahr«* (♀, 42 Jahre). *»Wenn ich starke positive oder negative Emotionen habe, beginne ich zu schreiben. Dieses Ritual hilft mir enorm, um Ordnung in meine Gedanken und Gefühle zu bringen. Ansonsten würde ich platzen«* (♀, 46 Jahre). Manche suchen in persönlichen Ritualen Kraftorte auf, andere schreiben Tagebuch, pflegen ihre Rosen und Katzen, schaffen Ordnung und putzen die Wohnung, tanzen oder spielen eine Partie Golf, meditieren, besuchen Kunstausstellungen, lesen Gedichte und Romane, malen oder stricken, hören oder spielen Musik, pilgern nach Spanien, steigen auf die Gipfel des Himalaja, tauchen im Roten Meer oder radeln quer durch die Mongolei. Wichtig ist, dass wir im Fluss des Lebens immer mal wieder Halt einlegen, weil uns dies inneren Halt und Orientierung schenkt und weil uns dies durch die Besinnung auf unsere Ziele und Werte eine klare Haltung und Ausrichtung verleiht.

➤ *Wann, wo und wie lege ich im persönlichen Bereich Halte ein, um zurück und nach vorne zu blicken?*
➤ *Welche persönlichen Rituale gestalte ich?*
➤ *Welche persönlichen Rituale finde ich besonders schön und lebendig, hilfreich und Halt gebend?*
➤ *Welche Rituale möchte ich ändern oder abschaffen?*
➤ *Welche persönlichen Rituale fehlen mir?*

Die Liebe feiern: Paar-Rituale

Rituale lassen auch den Fluss des Beziehungsalltags anhalten und verleihen Paaren Stabilität. Gemeinsame Rituale sind ein Spiegel für die Lebendigkeit und Tiefe der Beziehung: *»Auf Spaziergängen suchen wir gemeinsam Sachen aus der Natur und arrangieren sie dann im Haus«* (♀, 51 Jahre). *»Einmal pro Jahr gehen meine Frau und ich in die Berge, wo wir uns im römisch-irischen Bad wunderbar entspannen«* (♂, 48 Jahre). *»Wir haben quer durch unser Schlafzimmer ein rotes Stoffband gespannt, an das wir dann und wann kleine Aufmerksamkeiten hängen«* (♀, 38 Jahre). *»Abwechselnd plant jemand von uns einen gemeinsamen Abend oder ein Wochenende, ohne Ziel und Programm vorher zu verraten.*

Bewusst nehmen wir uns Zeit, um uns über uns auszutauschen und die Sexualität zu zelebrieren« (♀, 49 Jahre). Andere Paare spielen gemeinsam Golf, Schach oder Karten, streichen gelegentlich Wände in der Wohnung, gehen auf den Wochenmarkt einkaufen, joggen oder picknicken am See, überraschen sich mit kleinen Geschenken, bekochen sich feierlich, laden einander zu Konzerten und Theateraufführungen ein, legen sich interessante Zeitungsartikel auf den Esstisch oder bringen sich an freien Tagen das Frühstück ans Bett.

Interessanterweise wirken auch schrullige Paarrituale verbindend. Ironisch bringt dies Loriot in Film-Szenen wie jener vom Frühstücks-Ei oder dem Fernsehabend zum Ausdruck.

➤ *Wann, wo und wie legen wir als Paar Halte ein, um zurück, auf das Jetzt und nach vorne zu blicken?*
➤ *Welche Rituale gestalten wir als Paar?*
➤ *Welche Paarrituale finde ich besonders schön, lebendig, hilfreich und Halt gebend?*
➤ *Welche möchte ich ändern oder abschaffen?*
➤ *Welche Rituale fehlen mir im Paarbereich?*

Nur für Insider: Familien-Rituale

Gerade in Familien erkennt man, wie tief Rituale im Leben verankert sind und wie leicht sie sich gleichzeitig verändern im Laufe der Zeit. Der sonntägliche Kirchgang mit Kind und Kegel ist dem Spiel auf dem Fußballplatz gewichen, während Gute-Nacht-Lieder, die Eltern am Bett mit den Kindern singen, noch genauso klingen wie zu Urgroßmutters Zeiten. Viele Familienrituale – oder Routinen – werden auch vom sozialen Umfeld bestimmt. Wenn Müllers und Meiers in der gleichen Straße immer am Samstag das Auto waschen, den Gehsteig fegen und den Rasen mähen, dann werden

Hubers dies mit großer Wahrscheinlichkeit auch tun. Gleichzeitig existieren in allen Familien spezifische Rituale: *»Immer dann, wenn wir den Kopf leeren müssen, setzen sich meine Töchter und ich auf den Boden und sagen uns, was für uns stimmt und was nicht. Es darf nicht reingeredet werden«* (♀, 46 Jahre). *»Wenn ich mit der Tochter meines Mannes etwas im Haushalt erledige, stellt sie mir jeweils alle großen und kleinen Fragen des Lebens, die ich versuche geduldig zu beantworten«* (♀, 40 Jahre). Rituale in der Familie verändern sich im Lauf der Zeit und müssen es auch tun, weil die Kinder älter werden und das Verhältnis zwischen Eltern und Kind sich wandelt.

➤ *Wann, wo und wie lege ich in meiner Familie Halt ein, um zurück, auf das Jetzt und nach vorne zu blicken?*
➤ *Welche Rituale habe ich in meiner Herkunftsfamilie gestaltet? Welche habe ich in die jetzige Familie übernommen, welche bewusst nicht?*
➤ *Welche Familienrituale finde ich besonders schön und lebendig, hilfreich und Halt gebend?*
➤ *Welche Familienrituale möchte oder muss ich ändern oder abschaffen?*
➤ *Welche Familienrituale fehlen mir?*

Business as usual: Arbeits-Rituale

Unser Arbeitsalltag ist reich an Ritualen: Begrüßungen und Abschiede, Beurteilungsgespräche, Feedbackrunden, Sitzungen, Besprechungen, Präsentationen, Mitarbeiterauswahl, Einstellung und Einführung neuer Kollegen, Assessment Centers, Beförderungen, Verabschiedungen, Auslands-Entsendungen, Börsengänge, Betriebsfeiern, Ausflüge, Geburtstage, Zeugnisse, Jubiläen, Medienkonferenzen, Seminare, Tarifverhandlungen oder Streiks. Je nach Berufsgattung existieren unterschiedliche Rituale. In Operationssälen zelebrieren Halbgötter in Weiß ihre Rituale mit Skalpell, Schere und Tupfer. In der Therapie folgen Psychologen einem streng formalisierten Ablauf. Die militärische Ordnung ist ein Mekka für jeden Zwangsneurotiker. Ich lernte in der Rekrutenschule sogar, dass die Borsten der Zahnbürste nach links gerichtet sein müssen. Auch Gerichtssäle dienen als Bühne für Rituale. Die spezielle Kleidung der Richter verleiht ihnen eine priesterlich-königliche Würde. Anfang und Ende der Verhandlungen werden mit dem Holzhammer signalisiert. Die Sitzordnung der Parteien ist festgelegt. Eide werden abgelegt. Fristen müssen peinlichst eingehalten werden. In jedem Beruf kommen spezifische Rituale vor: »*Als Anwalt und Mediator begrüße ich die Klienten immer mit der Hand. Ich komme nie sofort zur Sache, sondern wechsle immer vor der eigentlichen Fallbesprechung ein paar persönliche Worte, hole den Klienten damit ab und schaffe eine positive Gesprächsatmosphäre*« (♂, 49 Jahre). »*Da ich beruflich viel unterwegs bin, habe ich in jeder Stadt einen Ort, den ich jeweils für eine halbe Stunde aufsuche, um für mich alleine zu sein. Meistens sind es Parkanlagen. Diese geben mir eine Art Heimatgefühl*« (♀, 46 Jahre). »*Bevor die ersten Kursteilnehmer zu mir in den Sprachunterricht kommen, öffne ich jeweils die Fenster, schließe die Augen und atme ein paar Mal bewusst ein und aus*« (♀, 49 Jahre). »*Wenn ich jeweils das Schreiben eines Zeitungsartikels beendet habe, räume ich bewusst das Pult auf. Manchmal genieße ich dieses Ritual sehr, andere Male ist es mir nur lästig*« (♀, 46 Jahre). »*In meiner Arbeit mit Kindern singe ich zu Beginn des Tages Lieder. Später essen wir gemeinsam das Pausenbrot. Und zum Abschied reichen wir uns immer die Hand. Für mich reflektiere ich hinterher die Lektionen*« (♀, 37 Jahre). »*Rituell wähle ich am Morgen bewusst meine Garderobe aus und zelebriere das Umbinden der Krawatte*« (♂, 61 Jahre). »*Als Arzt schreibe ich jeweils eine Trauerkarte an die Angehörigen, wenn ein Patient verstorben ist. Ich verabschiede mich so von einer Person, mit der ich ein oft langes Vertrauensverhältnis erleben durfte«* (♂, 49 Jahre). *»Mit den Kindern, die eine mehrfache Behinderung haben, gestalten wir im Heim viele Rituale. Die drei Könige besuchen uns zum Jahresbeginn. Vor Ostern basteln wir Nester, die ich verstecke. Gegen Jahresende besucht uns der Nikolaus. Und vor Weihnachten backen wir zusammen Kekse. Die Geburtstage werden nach einem klaren Schema zelebriert. Und jeder Morgen beginnt rituell mit dem Sitzen und Singen im Kreis«* (♀, 33 Jahre). *»Als Sängerin erlebe ich den Alltag an der Oper vom Üben über das Einsingen, die Maske und das Anziehen des Kostüms bis zum Applaus als ein einziges wunderschönes Ritual. Am schönsten ist der Augenblick, wenn du merkst, dass die Stimme eingesungen ist, die Atemmuskulatur reflektorisch exakt arbeitet, du nicht mehr an die Technik zu denken brauchst und wo ›es‹ auf einmal anfängt zu singen. Es gibt kaum ein großartigeres Gefühl«* (♀, 40 Jahre).

Wenn Firmen fusionieren oder einzelne Abteilungen oder Teams zusammen gelegt werden, stoßen meist unterschiedliche Kulturen mit je eigenen Ritualen aufeinander. Das kann bereichernd oder konfliktreich sein, egal ob es sich um den Dresscode, die Sitzungskultur, die Grünpflanzen, die Verteilerliste von E-Mails oder um die Auswahl an Cola-Varianten im Getränkeautomaten handelt.

Je turbulenter der Berufsalltag ist, je hektischer die Entscheidungen fallen und je rapider die Veränderungen in Unternehmen stattfinden, umso dringender brauchen Menschen in der Arbeitswelt Halt im dreifachen Sinn: im Sinn von Inne-halten, von Stabilität und ethischer Haltung. Die Kunst des Anhaltens beginnt mit der Schaffung und Pflege einer bestimmten Pausen-Kultur. Zweckfreie Zeiten schenken nicht nur neue Energie, sondern auch kreative Ideen. Das mag der Spaziergang auf dem Arbeitsweg sein, das gelegentliche Atemholen am offenen Bürofenster oder die gemeinsame Schweigeminute zu Beginn der Sitzung. Die Ritualkultur hängt eng mit dem Führungsverständnis zusammen. In manchen Unternehmen werden Geburtstage, Dienstjubiläen und Erfolge bewusst gefeiert, in anderen erscheinen sie als unwichtig. In manchen Institutionen werden Fehler und Schwächen offen kommuniziert, in anderen unter dem Deckel gehalten. In manchen Institutionen erbittet die Leitung offene oder anonyme Rückmeldungen von unten, in anderen sind sie absolut unerwünscht.

Im Jahreszyklus verlaufen Generalversammlungen in Firmen, Vereinen und selbst in kirchenkritischen Gruppierungen so ritualisiert ab wie eine katholische Messe: von der Begrüßung über die Wahl der Stimmenzähler bis zum Jahresbericht, der Rechnung, dem Budget, den Wahlen und Ehrungen. Auch die jährlichen Personalgespräche, Ausflüge und Weihnachtskarten sind in der Arbeitswelt stark ritualisiert.

Die Ritualkultur einer Organisation zeigt sich bereits am ersten Arbeitstag. Wenn der Arbeitsplatz noch mit Müll vom Vorgänger belegt ist, die Position im Organigramm noch unklar ist, der Batch für die Türen noch nicht angefertigt ist, die Unterschriftenkompetenz erst nach der Probezeit festgelegt wird, das E-Mail-Konto erst am dritten Arbeitstag eingerichtet wird, die Daten für die kommenden Betriebsfeiern nicht kommuniziert werden und weder eine Hausführung noch ein Begrüßungs-Empfang stattfinden und auch keine Blumen auf dem Schreibtisch stehen, lohnt es sich gar nicht, die Tasche auszupacken.

➤ *Wann, wo und wie lege ich am Arbeitsplatz bewusst Zäsuren ein?*
➤ *Welche Rituale im Arbeitsalltag finde ich besonders schön und lebendig, hilfreich und Halt gebend?*

➢ *Welche Rituale am Arbeitsplatz möchte ich ändern oder abschaffen?*
➢ *Welche Rituale in der Arbeitswelt fehlen mir?*

Auf dem rotem Teppich: Politik-Rituale

Wie machtvoll die Gestaltung von Ritualen oder deren Unterlassung sein können, erfuhr die Welt in den ersten Septembertagen des Jahres 1997. Queen Elizabeth II. riskierte beinahe den Untergang der Monarchie, als sie sich nach dem Unfalltod von Prinzessin Diana drei Tage lang weigerte, die Flagge auf dem Buckingham-Palast auf Halbmast zu setzen. Erst als die Medien und der Premierminister energisch reagierten und dem Staatsoberhaupt den Ernst der Lage klar machten, gab die Queen nach. Glücklicherweise enthalten nicht alle Rituale im politischen Bereich so viel Zündstoff. Die meisten politischen Rituale, die wir in den Zeitungen und TV-Nachrichten mitverfolgen können, wirken eher banal und fantasielos. Entweder posieren Politiker an Gipfeltreffen wie Schulklassen oder Jodelchöre auf Fotos oder pflanzen einen Baum, legen Kränze nieder, unterzeichnen Dokumente, drücken sich die Hände, stecken einander Orden an die Brust oder tauschen Geschenke aus.

Wie das Beispiel der Flagge auf dem Buckingham Palace zeigt, gehört der Umgang mit diesem Stück Textil zu den wesentlichen politischen Ritualen. Wenn eine US-Flagge zu Boden fällt, soll man sie verbrennen. Dasselbe rät man katholischen Priestern, wenn der Kelch mit konsekriertem Wein auf dem Altartuch umkippt. Dass der US-Flagge eine sakrale Dimension innewohnt, erlebte ich bereits im Alter von fünf Jahren, als Neil Armstrong und Edwin Aldrin im Juli 1969 auf dem Mond die Flagge rituell entfalteten und hissten. Eine nicht unumstrittene Geste, drückte sie doch eine Art

Eroberung mit Besitzanspruch aus, was das Ritual rechtlich gar nicht ausdrücken durfte. Im Nachhinein wurde zudem die tatsächliche Existenz dieses Rituals angezweifelt. Denn auf den vermeintlichen Bildern vom Mond weht die US-Flagge, obwohl es auf dem Mond keinerlei Wind gibt. Als der TV-Sender ARD im Juli 2008 in den »Tagesthemen« 20 Sekunden lang eine rot-schwarz-goldene Flagge zeigte statt des schwarz-rot-goldenen Originals, brauste ein Sturm der Entrüstung durchs Land. Dass Flaggen eine starke Symbol-kraft besitzen, zeigen auch Bilder von fanatischen Menschen-gruppen, die Flaggen feindlicher Nationen verbrennen. Amüsiert sah ich im Herbst 2005 die TV-Bilder aus Pakistan, wo aufgebrachte Muslime die Schweizerfahne verbrannten. Ihre Wut und ihr Hass richteten sich gegen den dänischen Mohammed-Karikaturisten. Doch die Pakistani verwechsel-ten die dänische Flagge mit der schweizerischen.

Lustig war auch der Besuch der Schweizer Bundesprä-sidentin im Jahr 2010 in Norwegen, als das königliche Garde-Orchester beim militärischen Begrüßungs-Ritual die falsche Nationalhymne spielte. Zu den politischen Ritualen gehören auch die nationalen Feiertage. Manche beziehen sich auf Revolutionen wie der 14. Juli in Frankreich, auf die Unabhän-gigkeit wie der 4. Juli in den USA und der 15. März in Grie-chenland oder auf die Republikgründung wie der erste Juni-Samstag in Italien. Wie sensibel die Schaffung von neuen Feiertagen ist, sah man nach dem Mauerfall in Deutschland, als der 9. November und der 3. Oktober zur Wahl standen.

Der ehemalige Schweizer Verkehrsminister Moritz Leu-enberger hielt einmal eine Rede zum Thema »Rituale in der Politik«. Mit Ironie zeigte er auf, dass der rituelle Gang zur Urne heute ersetzt werde durch den Gang zur Altflaschen-sammelstelle. Auch erzählte er, wie er in den französischspra-chigen Kantonen von Polizeieskorten mit Sirene über Rotlichter und Gegenfahrbahnen in rasendem Tempo zum Bestimmungsort chauffiert werde, während die Eskorten von Limousinen und Polizeiwagen in den deutschsprachigen Kantonen mit Sicherheit an jedem Zebrastreifen anhalten und den Fußgängern den Vortritt gewähren. Leuenberger ironisierte auch die Schaffung neuer Rituale, die aus der Politwelt nicht mehr wegzudenken sind: John F. Kennedy gab nach 100 Tagen Regierungstätigkeit eine Medienkonferenz, um seine erneuernde Effizienz unter Beweis zu stellen. Um dieses Ritual kommt heute kein Gemeinderat mehr herum.

➤ *Welche politischen Rituale finde ich positiv, weil sie einem Halt oder Identität schenken?*
➤ *Welche Polit-Rituale halte ich für unnötig und sinnlos?*
➤ *Für welche politischen Prozesse fehlen Rituale?*

Helden und Sieger: Sport-Rituale

Die Eröffnungs-Zeremonie von Olympischen Spielen stellt jede Papst-Messe in den Schatten. Skifahrer rufen die Schutzengel zu Hilfe, wenn sie sich am Start bekreuzigen. Die Sieger von Formel-1-Rennen drücken mit den Fontänen aus den phallischen Champagner-Flaschen ihre grenzenlose männliche Potenz aus. Eishockey-Cupsieger erinnern mit dem herumwandernden Pokal ans letzte Abendmahl. Und bei König Fußball zollen die Kicker der Gäste-Mannschaft gleich beim feierlichen Einzug ihrem Gegner Respekt, indem sie den Rasen im Stadion küssen. Und am Ende zelebrieren die Helden Versöhnung, indem sie ihre verschwitzten Shirts mit dem Gegner tauschen. Und die Fans praktizieren während zwei Stunden Schmähhymnen und La-Ola-Wellen wie Gesänge und Kniebeugen im katholischen Hochamt.

Normalsterblichen dient der Sport als Halt im mehrfachen Sinn: Das Joggen nach Feierabend hilft die Sorgen vom Arbeitsplatz loszulassen und sich auf die Angehörigen daheim einzustellen. Anderen schenkt der Sport Halt im Sinn von Stabilität und psychischem Gleichgewicht. Jugendliche Migranten erfahren im Sport Anerkennung und Integration. Viele entwickeln durch Sport auch eine innere Haltung. Golfer erzählen, wie sehr dieser Sport ihren Charakter trainiere. Und Kinder lernen im Mannschafts-Sport soziale Kompetenz, Fairness und den konstruktiven Umgang mit Niederlagen.

➤ *Wie weit bedeutet mir der Sport eine Zäsur im Alltag?*
➤ *Wie weit schenkt mir der Sport Halt und Stabilität?*
➤ *Wie weit hilft mir der Sport in Veränderungsprozessen?*
➤ *Welche Rituale finde ich im Sportbereich besonders schön, lebendig und hilfreich?*
➤ *Welche Sport-Rituale will ich ändern oder abschaffen?*
➤ *Welche Rituale fehlen mir im Bereich Sport?*

Medien als Ritual – Kultur ist Kult

Kunst, Kultur und Medien kopieren gekonnt Rituale aus anderen Gesellschaftsbereichen. Die Urteile von Literaturpapst Marcel Reich-Ranicki halten viele Bildungsbürger für unfehlbar. Der rote Teppich, der früher ausschließlich Staats- und Regierungschefs vorbehalten war, gehört längst zur Grundausstattung aller Filmfestivals. Und Leinwand-Stars geben Interviews fast nur noch wie Athleten vor Wänden mit den Logos von Sponsoren.

»Die Medien liefern uns tagtäglich Ersatzandachten«, sagte der frühere CDU-Generalsekretär und Minister Heiner Geißler. »Montags erscheint der ›Spiegel‹, sonntags beglückt uns die ›Lindenstraße‹, und jeden Tag um acht Uhr kommt aus Hamburg die ›Tagesschau‹ und schweißt uns zu einer fiktiven Gemeinschaft der Fernsehzuschauer zusammen.« Den stärksten rituellen Charakter haben die täglichen Soaps und Sitcoms. »Big Brother« hat die Kirchenglocken abgelöst. Unser Wochen- und Tagesablauf wird weitgehend durch die Medien strukturiert. Der Familienkreis ist zum Halbkreis vor dem TV-Altar mutiert. Nachrichten und Kultursendungen fördern das kollektive Bewusstsein und geben den Zuschauern das Gefühl der globalen, nationalen oder regionalen Zugehörigkeit. Der Fernseher bildet in der globalisierten Dorfgemeinschaft das elektronische Lagerfeuer, das pünktlich entzündet wird. Das Wichtigste an TV-Nachrichten sind nicht die Inhalte, sondern der genaue Sendebeginn. Würden die Nachrichten jeden Abend zu einer x-beliebigen Uhrzeit beginnen, wäre selbst der aufgeklärteste Bürger weit mehr verunsichert als nach einem Börsen-Crash oder einer AKW-Panne. Dass im Fernsehen die Sendezeit wichtiger ist als der Inhalt, offenbarte ein peinlicher Vorfall bereits vor 25 Jahren. Als die ARD am 31. Dezember 1986 wegen einer Verwechslung der Video-Kassetten Helmut Kohls Neujahrsansprache vom vorherigen Jahr noch einmal sendete, bemerkte dies nur ein winziger Teil der Zuschauer.

Wie beim Sport stecken Normalsterbliche auch im kulturellen Bereich nicht nur in der Rolle von Zuschauerinnen und Zuhörern, Besucherinnen und Konsumenten. Manche singen am Abend, am Wochenende oder in den Ferien in einem Chor, spielen in einem Orchester, treten auf einer Laien-Bühne auf oder malen Bilder.

➢ *Wie weit bilden Kunst, Kultur und Medien eine Zäsur in meinem Alltag?*
➢ *Wie weit schenkt mir die Kultur Halt und Sinn?*
➢ *Wie weit hilft mir Kultur in Veränderungsprozessen?*

➤ *Welche Rituale finde ich im Kulturbereich besonders schön und sinnvoll, hilfreich und Halt gebend?*

➤ *Welche Rituale im Kulturbereich möchte ich ändern oder abschaffen?*

➤ *Welche Rituale fehlen meiner Meinung nach im Kulturbereich?*

Rituale im Heim und auf der Couch

In den meisten Heimen fehlt eine bewusste Ritualpraxis, obwohl jede und jeder, die mit Kindern, Erwachsenen mit einem geistigen Handicap oder mit Betagten wirkt, weiß, wie wichtig dieser Klientel Rituale sind. Kinder, Kranke und Betagte kommen mit dem Kalender und der Uhrzeit nicht klar und brauchen Rituale, die ihren Alltag, den Wochenverlauf und besondere Ereignisse im Jahresverlauf markieren und strukturieren. Im Verlauf des Tages müssen die Rituale des Aufstehens, der Mahlzeiten und des »Zu-Bett-Gehens« nach einer klaren Ordnung verlaufen. Auch Geburtstagsfeste, Weihnachten, Karneval, Ostern usw. müssen nach einem fixen Schema ablaufen. Und das Feiern der Jahreszeitenwechsel bindet sie in das Geschehen der Umwelt ein.

Das Ziel der Psychotherapie liegt darin, alte Muster und Rollen, die einen am Leben im Hier und Heute hindern, zu entdecken und aufzulösen sowie Hilfestellungen zu bieten beim Finden und Einüben von neuen Reaktionsmustern. Die Therapeutin entscheidet nicht, ob der Klient sich ändern will oder nicht, und sie verhält sich auch möglichst neutral in Bezug auf Wahlalternativen und Handlungsoptionen. Es geht in der Therapie genau um die Veränderungsprozesse, die in den verschiedenen Ritualphasen thematisiert und inszeniert werden können. Das therapeutische Setting selbst ist ebenfalls stark ritualisiert.

> *Welche Rituale finde ich für Menschen in Heimen oder in The-*
> *rapien besonders hilfreich, nötig und sinnvoll?*
> *Welche Rituale sollte man an diesen Orten ändern?*
> *Welche Rituale fehlen meiner Meinung nach im pädagogischen,*
> *sozialen oder therapeutischen Setting?*

Om ... Rituale in anderen Religionen

Den Riten und Zeremonien anderer Kulturen und Religionen stehen viele ambivalent gegenüber: *»Negativ finde ich Genital-Verstümmelungen und Beschneidungen in manchen afrikanischen und orientalischen Kulturen«* (♂, 49 Jahre). *»In manchen Kulturen gibt es wunderbare Waschungen vor einer Trauung. Die Bräute werden für die Ehe gesäubert und gereinigt«* (♀, 42 Jahre). *»Aus asiatischen Traditionen schätze ich vor allem Wege der Meditation«* (♂, 49 Jahre). *»Spontan kommen mir die Southern Baptists in den Sinn. Sie erneuern das zeitlich beschränkte Eheversprechen regelmäßig. Wer dieses Ritual ernst nimmt, wird sich besser auf seinen Umgang mit der Partnerin oder dem Partner besinnen«* (♂, 72 Jahre). *»Bei einigen sogenannten ›primitiven‹ Völkern existieren eindrückliche Rituale für Jungen im Übergang zum Mannsein«* (♂, 49 Jahre). *»Ich schätze es sehr, dass Muslime in der Wohnung und in der Moschee die Schuhe ausziehen und dass sie sich waschen, ehe sie beten, essen oder jemanden besuchen. Das ist ein Zeichen des Respekts. Sie reinigen sich auch, bevor sie anderen etwas geben«* (♀, 42 Jahre). *»Das monatliche Reinigungsbad der Jüdinnen nach der Menstruation erinnert mich an meine erste Mens und daran, dass mir meine Mutter damals riet, mir nach meinen Tagen jeweils ein Bad zu gönnen«* (♀, 37 Jahre). *»Ich durfte einigen standesamtlichen Trauungen in Bulgarien beiwohnen. Da sich während des kommunistischen Regimes kaum Paare in der orthodoxen Kirche trauen ließen, flossen feierlich-spirituelle Komponenten in die Ziviltrauung ein. Der Zivilstands-*

beamte stellt die Braulteltern paarweise auf. Dann führt er die Brautleute vor ihre zukünftigen Schwiegereltern und sagt zu diesen: ›Seht, dies ist euer neuer Sohn / eure neue Tochter. Nehmt ihn/sie an und liebt sie/ihn wie euer eigenes Kind.‹ Dann wendet er sich ans Brautpaar: ›Dies sind deine neuen Eltern; achte und liebe sie wie deine eigenen.‹ Dieses Ritual berührt mich heute noch sehr tief. Ich bin froh, dass mein Mann und ich in Bulgarien standesamtlich geheiratet haben. Das Ritual zeigte übrigens Wirkung: Jedes Mal, wenn ich meine Schwiegereltern wiedersehe und sie mich aus der Fassung bringen, erinnere ich mich an mein Versprechen und akzeptiere sie so wie sie sind. Sie sind tatsächlich auch meine Eltern« (♀, 40 Jahre).

Manchmal staune ich, mit welch skeptischer und negativer Haltung traditionelle Rituale aus der abendländisch-christlichen Kultur von sogenannten kritischen Westlern abgewertet werden, während die gleichen Personen völlig unkritisch sind gegenüber afrikanischen oder schamanischen Initiations-, Opfer- und Ahnenritualen. Schmunzeln muss ich vor allem, wenn kritische 68er-Vertreter, die sich von der Kirche unter anderem wegen der vielen Kniebeugen emanzipiert haben, sich heute in Zen-Meditationskursen kommentarlos vor der Buddha-Statue auf den Boden werfen.

Das unkritische Flair für fremde und exotische Rituale entpuppt sich bei sogenannten kritischen und weltoffenen Westlern leider nicht selten als eine verkappte Form von Ethno-Kolonialismus. Ein Intellektueller aus Zürich hat sich letzthin in Kenia nach dem Ritus der Massai mit seiner deutschen Partnerin verheiratet. Als Liebesbeweis musste der Bräutigam vor den Augen seiner Braut mit bloßen Händen ein Schaf töten. Beide empfanden das archaische Ritual als unglaublich starke Erfahrung. Würde aber der reformierte Pfarrer dieses Ritual hierzulande verlangen, würden sie sich an den Kopf greifen und empört den Tierschutzverein alarmieren.

In manchen Fällen halte ich die gegenseitige Bereicherung von Kulturen und Religionen auf der Ebene von Ritualen für möglich und sinnvoll. Mein muslimischer Freund in Teheran, der auch die christlich-abendländische Kultur mit der Mutterbrust aufsaugte, nennt ein schönes Beispiel: *»Die kleine Waschung vor dem täglichen Ritualgebet der Muslime könnte ein allgemeines Ritual für alle Völker der Welt werden. Es ist eine wunderschöne Geste, um den Arbeits- oder Freizeitbereich von spirituellen Handlungen zu trennen und einzuläuten.«*

> *Welche Rituale aus nicht-christlichen Religionen und aus anderen Kulturen finde ich geeignet, um Halt einzulegen, zurück, auf das Jetzt und nach vorne zu blicken?*
> *Welche Rituale aus nicht-christlichen Religionen und anderen Kulturen finde ich schön und lebendig?*
> *Welche Rituale aus nicht-christlichen Religionen und aus anderen Kulturen geben mir besonderen Halt?*
> *Welche Rituale aus nicht-christlichen Religionen und anderen Kulturen finde ich sinnlos oder gefährlich?*
> *Welche Rituale aus nicht-christlichen Religionen und aus anderen Kulturen fehlen meiner Meinung nach in unserer Zivilisation?*

4. Das ist symbolisch gemeint: Ritual-Ebenen

Rituale sind Handlungen, die existenzielle Veränderungsprozesse inszenieren und dafür Zeichen und Symbole, Worte und Gesten verwenden, die eine bestimmte Bedeutung haben. Leonardo Boff zeigt in seinem Buch *»Die kleine Sakramentenlehre«* drei Ebenen des Rituals auf: die sinnliche Ebene (Immanenz), die Kommunikations-Ebene (Transparenz) und die Bedeutungs-Ebene (Transzendenz).

Immanenz (Da-Sein und So-Sein)

Immanenz bedeutet wörtlich »das Innewohnende« oder »das Darin-Enthaltene«. Es ist eine bestimmte innewohnende tiefere Bedeutung, die eine Sache zum Zeichen, ein Ding zum Symbol und eine pure Handlung zum Ritual macht. Weil wir abstrakte Begriffe wie Schönheit, Sinn, Wahrheit, Liebe oder Gott zwar mit dem Verstand verstehen, aber nicht direkt sinnlich wahrnehmen können, drücken wir sie mit sinnlich wahrnehmbaren Zeichen und Worten, Klängen und Bildern aus. Wenn wir beispielsweise bei einer Beerdigung die Trauer über den Verlust der geliebten Person ausdrücken wollen, so tun wir das nicht nur abstrakt in Gedanken, sondern mit sinnlich wahrnehmbaren Gegenständen, Klängen und Bildern wie Kerzen, zerbrochenen Krügen, einem zerrissenen Band und mit eher bedächtiger Musik.

Transparenz (Entschlüsselbarkeit)

Der Begriff »Symbol« stammt vom griechischen Wort »symballein« und bedeutet wörtlich »zusammenfügen«. Das Symbol verbindet quasi zwei Hälften eines zusammengehörenden Ganzen.

Ein Symbol oder ein Ritual als symbolische Handlung wirken dann, wenn für die Anwesenden klar ist, um welche »Hälften« es sich handelt beim Symbol und dem Symbolisierten. Im April 2005 schauten mehrere hundert Millionen Menschen am TV oder vor Ort gespannt auf den Kamin über der Sixtinischen Kapelle im Vatikan und warteten darauf, dass weißer Rauch aufsteigen würde. An sich ist Rauch, der aus einem Kamin qualmt, nichts Weltbewegendes. Aber in diesem Fall bedeutet er die erfolgte Wahl eines neuen Papstes. Wenn jemandem dieser Bedeutungshintergrund völlig fehlt und er zufällig die Bilder am TV sieht, muss er die Begeisterung über weißen Rauch am Kamin für eine kollektive Psychose halten.

Im Mittelalter versuchten Theologen viele Glaubensinhalte klar zu definieren und bestimmten auch die tieferen Bedeutungen von Ritualen. Dies führte zu manch spitzfindigen Fragen, die heute eher belustigend wirken. Eine berühmte Frage lautete damals: Was passiert, wenn eine Maus in den Tabernakel eindringt und eine geweihte Hostie frisst? Frisst sie lediglich Brot oder den Leib Christi? Die Antwort lautete klar: Sie frisst nur Brot. Denn es ist der menschliche Glaube, der dem immanenten Zeichen die transzendente Bedeutung gibt.

Wenn die tiefere Bedeutung hinter einem Zeichen, einem Symbol oder Ritual nicht transparent und verständlich ist, wirkt das Symbol nicht oder missverständlich. Dazu eine Geschichte: Ein westlicher Soldat besuchte bei einem Einsatz im afrikanischen Burundi das Grab eines einstigen Kameraden, um es mit Blumen zu schmücken. Auf seinem Weg traf er einen Eingeborenen, der eine Schale Reis zum Grab seiner Vorfahren bringen wollte. Der Soldat hielt ihn an und versuchte ihm das Absurde seines Tuns klarzumachen: »Wann glaubst du«, fragte er, »werden deine Ahnen aus dem Grab steigen, um den Reis zu essen?« Der Eingeborene überlegte kurz und entgegnete schmunzelnd: »Zur gleichen Zeit, wenn dein Freund herauskommt, um an den Blumen zu riechen.«

Die Vieldeutigkeit von Symbolen und Ritualen bedingt Klarheit und Eindeutigkeit, Verständlichkeit und Transparenz. Die schlimmste Ritualerfahrung machte ich nach dem Attentat auf 14 Politiker im schweizerischen Zug, wo die Zelebranten für die 14 Opfer und auch für den Täter in der Trauerfeier je eine Kerze entzünden wollten. Einerseits fand ich die Entscheidung für dieses Ritual mutig, weil echte Versöhnung nicht gelingen kann, ohne dass man Täter und Opfer aus ihren Rollen befreit. Andererseits fand ich das Ritual höchst problematisch, weil die Bedeutung der Kerze überhaupt nicht eindeutig war. In 14 Fällen würde das Kerzenlicht Trauer, Schock, Liebe und Auferstehungshoffnung bedeuten. Und in einem Fall Wut, Hass und Ohnmacht. So war ich denn auch nicht überrascht, dass vor der Feier einige überlebende Politiker und Angehörige der Opfer damit drohten, trotz Präsenz von Ministern und Fernsehen die Kirche demonstrativ zu verlassen, wenn er die 15. Kerze für den Täter anzünden würde. Dieses misslungene Ritual sorgte noch wochenlang für emotionale und polarisierende Zeitungsartikel und Leserbriefe. Und dies nur, weil die Bedeutung eines Symbols nicht eindeutig und klar, verständlich und transparent war.

> *Wann und wo habe ich die Bedeutung von Symbolen oder Ritualen als nicht klar und eindeutig erlebt?*

Transzendenz (übergeordneter Sinn)

Die Bedeutung einer rituellen Handlung übersteigt, transzendiert die Geste selbst. Dieser tiefere Sinn, diese transzendente Dimension ist es, die das Ritual von der Routinehandlung unterscheidet. Wenn wir Rituale kreieren wollen, die wir nicht schon x-fach selber gestaltet oder mitgefeiert haben, besteht der erste und wichtigste Schritt darin, dass wir uns Gedanken über die existenziellen Veränderungsprozesse und die damit verbundenen Gefühle machen. Diese versuchen wir dann in einem zweiten Schritt mit entsprechenden Symbolen und Gesten zu thematisieren und verständlich zu inszenieren. Gerade wenn es sich um Veränderungsprozesse im Leben handelt, für die es (noch) keine offiziellen Rituale von Kirchen und anderen Institutionen gibt, ist es wichtig, ausführlich die transzendente Ebene der tieferen Bedeutung zu reflektieren. Was ändert sich genau an einem bestimmten Lebenswendepunkt? Und welche Gefühle sind genau verbunden mit dem Abschied und Loslassen, dem Aushalten des Dazwischen sowie der Öffnung auf Neues hin? Erst dann fragen wir uns, wie wir den Ab- oder Aufbruch, die Ängste oder Hoffnungen, den Dank oder die Trauer konkret ausdrücken wollen und können.

➤ *Bei welchen Ritualen ist mir die transzendente Dimension klar, bei welchen nicht?*
➤ *Welche Rituale habe ich bisher wohl deshalb als besonders hilfreich empfunden, weil Immanenz, Transparenz und Transzendenz klar und stimmig waren?*
➤ *Welche Rituale habe ich bisher wohl darum als sinnlos, störend oder unverständlich empfunden, weil die drei Ebenen unklar waren oder fehlten?*
➤ *Bei welchen Ritualen ist mir klar, welche Veränderungsprozesse sie inszenieren, bei welchen nicht?*

5. Nicht mehr und noch nicht: Ritual-Phasen

Rituale thematisieren und verdichten, beschleunigen und erleichtern Veränderungsprozesse und markieren Wendepunkte in unserer Biografie wie auch in der Gesellschaft. Sie ereignen sich an räumlichen, zeitlichen oder sozialen Übergängen und wirken wie Katalysatoren, Anker und Schaltgetriebe unserer Lebensgestaltung. Arnold van Gennep prägte vor hundert Jahren den Begriff »rites de passage«, zu deutsch Übergangs- oder Schwellenrituale. Er unterteilte diese in drei Phasen bzw. Teil-Rituale: In der ersten Phase lösen wir uns vom Gewohnten und Vergangenen und werden gezwungen anzuhalten (»rite de séparation«). Im zweiten Teil-Ritual schweben wir auf der Schwelle und suchen nach neuem Halt (»rite de marge«). Und in der dritten Phase lassen wir uns auf etwas Neues ein, was uns Halt und Haltung verleiht (»rite d'agrégation«).

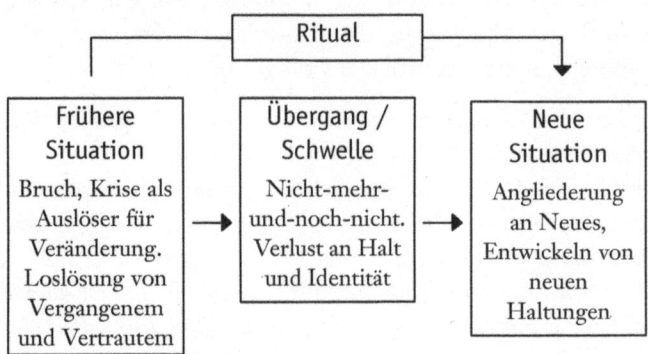

Gerade an dramatischen Übergängen des Lebens bilden Rituale notwendige Hilfen. Sie bringen Menschen in Lebenskrisen weiter, indem sie einerseits Ausdrucksmöglichkeiten für Emotionen bieten und andererseits einen festen Handlungsrahmen enthalten, in dem klar ist, was getan wird und getan werden muss.

➤ *Welche Wendepunkte gibt es in meinem Leben?*
➤ *Welche großen Übergänge oder Krisen in meinem Leben waren mit bewussten Ritualen verbunden?*
➤ *Bei welchen dramatischen Wendepunkten und Krisen in meinem Leben fehlten Rituale?*
➤ *Welche Wendepunkte im Leben, die nicht mit einem Ritual verbunden waren, möchte oder sollte ich heute mit einem Ritual feierlich nachvollziehen?*

➤ *Welche Wendepunkte oder Übergänge stehen in meiner Biografie noch an?*
➤ *Welche der anstehenden Veränderungsprozesse möchte ich bewusst mit einem Ritual gestalten? Und wie?*

Ablösungs-Phase

Jeder körperliche, geistige und seelische Veränderungsprozess beginnt mit einer Krise, einem freiwilligen oder unfreiwilligen Bruch, einem Aufbruch oder Abbruch. Es muss nicht zwingend ein schmerzlicher Schicksalsschlag sein wie Unfall oder Tod. Auch wenn wir uns verlieben, kommt auf allen Ebenen ein dramatischer Prozess in Gang. Der erste Schritt bei der Gestaltung eines Rituals besteht darin, die Gefühle und Emotionen gegenüber dem Bruch zuzulassen und zu benennen. Meistens wohnt in uns bei Auf- und Umbrüchen eine Mischung von Dankbarkeit und Wut, Trauer und Hass, Schuldgefühlen und Rachegelüsten. Je nach den mit dem Bruch verbundenen Gefühlen werden wir diesen Ritualteil mit unterschiedlichen Elementen verbinden. Bei Loslass-Ritualen übergeben wir Menschen oder Sachen sehr oft einem der vier Elemente der Natur.

➤ *Welche Auf- und Umbrüche habe ich mit einem Ritual gestaltet? Und mit welchen Elementen?*
➤ *Bei welchen Auf- und Umbrüchen habe ich kein Ritual gestaltet und vermisse das heute?*

Schwellen-Phase

Das Schweben im Niemandsland und Harren auf der Schwelle ist in Veränderungsprozessen oft am schwierigsten zu bewältigen oder auszuhalten. Manche springen nach der

Trennung von Partnern, Arbeitsstellen und Wohnorten gleich in eine neue Bindung hinein. Dadurch können viele wichtige Fragen gar nicht erst aufkommen und man übernimmt unbewusst die alten Rollenmuster wieder. Das Hängen im Niemandsland bildet den Raum und die Chance zur echten Verwandlung. Die Schwellenphase des Nicht-mehr-und-noch-nicht müssen wir nicht nur passiv erleiden, sondern können sie aktiv als Schutzzone und Brachland betrachten, wo wir Träumen und Visionen Raum schenken. Die Erfahrung der Haltlosigkeit wirkt anfangs zwar unangenehm und schmerzhaft. Aber meistens entdecken wir gerade darin, dass wir uns zuvor lange Zeit in einem falschen oder fragwürdigen Halt wähnten. Diese Ent-Täuschung im wörtlichen Sinn ist heilsam. Der Verlust an äußerem Halt zwingt zur Reflexion über das, was uns innerlich wirklich trägt und was uns echten Halt und Haltung verschafft.

Am leichtesten fällt uns die Phase des Übergangs, wenn wir sie aktiv angehen und uns eine Auszeit (neu-lateinisch: Time-out) gönnen. Ein klassisches Übergangsritual bildet heute das monatelange Gehen auf dem Jakobsweg.

➤ *Wann, wo und wie habe ich die Phase der Schwelle schon in Ritualen gestaltet?*
➤ *Für welche Veränderungsprozesse fehlen meiner Meinung nach Schwellenrituale im Privatleben, am Arbeitsplatz und im öffentlichen Leben?*

Angliederungs-Phase

Wer immer jemanden oder etwas loslässt, will sich irgendwann wieder auf neue Menschen oder Projekte, Orte oder Aufgaben einlassen. Wie kräfteraubend und heikel Angliederungsprozesse sind, zeigen Versuche in Zoogärten, wo zur

Arterhaltung seltene Tiere in bestehende Familien integriert werden. Rituale sollen uns helfen, für die Angliederung an eine neue Gruppe, an einen neuen Arbeitsplatz, an einen neuen Partner oder an eine neue Nachbarschaft die nötige Zeit, Kraft und Courage zu finden.

> *Wann, wo und wie habe ich bei Lebensübergängen die Angliederung ans Neue bewusst gestaltet?*
> *Wann, wo und wie habe ich innerhalb eines Rituals die Angliederungsphase bewusst gestaltet?*
> *Wie werde ich die Angliederungs-Phase an anstehenden Lebenswenden gestalten?*
> *Für welche Veränderungsprozesse fehlen meiner Meinung nach Angliederungs-Rituale – im Privatbereich, am Arbeitsplatz und im öffentlichen Leben?*

6. Struktur, Schutz & Co.: Ritual-Funktionen

Rituale intendieren und erzeugen eine breite Palette von Wirkungen. Für Kulturwissenschaftler bilden Rituale den Kitt der Gesellschaft, Hirnforscher halten sie für Ordnungsstifter, und Ethnologen unterscheiden Rituale nach vielen Funktionen: Fruchtbarkeits-, Schutz-, Abwehr-, Vergöttlichungs-, Opfer-, Versöhnungs-, Bindungs-, Tausch-, Gedenk-, Buß-, Sühne-, Wiedergutmachungs-, Abschreckungs-, Initiations-, Ernennungs-, Aufnahme-, Übergangs-, Ehrungs-, Begegnungs-, Begrüßungs-, Abschieds-, Trennungs-, Heilungs-, Beschwörungs-, Dank-, Trauer-, Versammlungs-, Reife-, Macht-, Unterdrückungs-, Gewalt-, Verzichts-, Prüfungs- und Reinigungsrituale. Je nach Situation und Kontext sind die Funktionen von Ritualen mehr sozio-kultureller, psychisch-emotionaler oder auch ausdrücklich religiös-spiritueller Natur.

Manche Ritualfunktionen scheinen in unserer Kultur nicht mehr präsent zu sein. Wir glauben etwa, keine Opferrituale mehr zu praktizieren, um Gott uns Menschen gegenüber günstig zu stimmen. Doch viele Stiftungen sind nichts anderes als eine moderne Form von Ablasshandel. Auch werden Politiker und Manager nicht selten in einem para-religiösen Glauben vom Thron gestürzt, dass danach alles besser werden sollte. Im aufgeklärten Westen ist die magische Wirkung von Opferritualen gerade bei Sündenbock-Ritualen lebendiger denn je.

Misslungene oder fehlende Rituale

Manchmal intendiert man mit einem Ritual eine ganz bestimmte verändernde Wirkung, die aber nicht erzielt wird. Dann kann oder muss ein Ritual wiederholt oder mit einem anderen Ritual kompensiert werden. Mehrere Male habe ich mit Paaren einige Monate oder gar 20 Jahre nach ihrer Zivilhochzeit noch eine spirituelle Trauung gestaltet, weil sie sich durch den Vertrag auf dem Standesamt nie wirklich verheiratet fühlten. Und genauso fühlen sich manche Partner durch eine rechtliche Scheidung nie wirklich getrennt. Die Paartherapeutin Rosmarie Enderlin beschreibt in ihrem Buch »Heute schon geküsst?« einen Mann, der sich nach zehnjähriger Ehe von seiner Frau getrennt hatte, aber nach wie vor bei deren Herkunftsfamilie zu Geburtstagsfeiern und Gartenfesten erschien. Er tat so, als ob er noch dazugehören würde. Seine neuen Beziehungen scheiterten darum alle schon nach kurzer Zeit wieder.

Negative Auswirkungen von misslungenen oder fehlenden Ritualen erlebe ich auch bei Todesfällen. Wenn Angehörige den Leichnam nicht verabschieden können, weil er bei einem Unfall verbrannt oder verschollen ist oder weil man zur Zeit der Beerdigung im Ausland weilte oder der Verstorbene keine Trauerfeier wollte, fällt der Abschied von verstorbenen Personen sehr schwer. Auch wenn Verstorbene kremiert werden und die Angehörigen bei der Beerdigung eigentlich mit dem Abschied von der Leiche rechnen, wird der Abschiedsprozess schwerer.

➤ *Welche Funktionen von Ritualen kenne ich?*
➤ *Für welche Funktionen fehlen meiner Meinung nach heute Rituale?*

Struktur, Halt, Sicherheit

»Rituale lassen uns innehalten und den aktuellen Moment bewusst wahrnehmen. In der Folge schenken sie uns Halt im Alltag, der immer unübersichtlicher, gestresster, vollgestopfter und schnelllebiger wird« (♀, 33 Jahre). *»Rituale beinhalten und vermitteln Struktur und dadurch Sicherheit und Entspannung. Mir helfen Rituale Gedanken, Gefühle und Prozesse auszudrücken und ihnen eine Form zu geben, für die ich keine Worte habe«* (♀, 38 Jahre). Rituale stärken und schaffen Ordnung, indem sie die Ordnung stören und unterbrechen. Rituale setzen als kulturelle Widerlager in einer von ständigen Innovationen geprägten Gesellschaft einen Halt im Sinn des Stopps und schenken gleichzeitig Halt im Sinn von Stabilität. Rituale, die den Menschen Struktur, Halt und Sicherheit schenken, sind vor allem beim Bewältigen von Krisen wie Trennungen, Krankheit und Tod nötig. Die Religionen wissen seit Jahrtausenden um die Halt gebende Wirkung von Ritualen. Alle kennen feste Gebets-, Meditations- und Ritualzeiten im Alltag. Dass die Rituale selbst meist fixe Abläufe haben, empfinden manche als starr, störend und zwanghaft, andere als entlastend und wohltuend.

➤ *Welche Rituale lassen mich im Alltag innehalten?*
➤ *Welche Rituale schenken mir Struktur und Halt?*
➤ *Bei welchen Ritualen erlebe ich den wiederholenden Charakter
ohne viel Nachdenken als wohltuend-beruhigend und manchmal als einengend-zementiert?*

Integration und Identitätsstiftung

Der Zerfall sozialer Strukturen weckt ein wachsendes
Bedürfnis nach Identität und Zugehörigkeit. *»Rituale fördern
das Gemeinschaftsgefühl, etwa beim Singen der Fans an Eishockey-
Spielen«* (♂, 49 Jahre). *»Rituale verbinden die Menschen. Durch
Rituale fühlt sich der Mensch zugehörig«* (♀, 38 Jahre). Manche
Sport-Clubs wirken heute so identitätsstiftend wie religiöse
Gemeinschaften. Musikbands kultivieren ihre Fangemeinde
wie religiöse Gurus. Der Wert von Unternehmen wird nach
ihren identitätsstiftenden Brands gemessen und Kleiderfir-
men schaffen mit ihren Labels eine verschworene Gemein-
schaft. Die Sehnsucht nach Zugehörigkeit zu einer Konsum-
gemeinschaft kann so groß sein, dass man sich eine gefälschte
Louis-Vuitton-Tasche oder Rolex-Uhr kauft. Symbole und
Rituale schaffen und fordern Beteiligung und Teilhabe. Wer
ein Zeichen als solches erkennt und in einer Handlung ein
Ritual entdeckt, darf sich als Teil einer bestimmten Gruppe,
Gemeinschaft oder Kultur zählen. Die Ritualfunktion der
Identitätsstiftung und Gemeinschaftszugehörigkeit ist immer
auch mit einem kritischen Blick zu betrachten, wo Gemein-
schaftsbildung mit Abgrenzung und Ausschluss von anderen
verbunden ist.

➤ *Welche Rituale am Arbeitsplatz, in Vereinen, in der Nation
oder Religion finde ich in positiver Weise identitätsstiftend und
gemeinschaftsbildend?*

> *Welche Rituale finde ich in negativer Weise identitätsstiftend, indem sie andere ausgrenzen?*

Ermutigung und Trost

Weil Rituale Konstanten in Brüchen darstellen, können sie auch in Krisen Menschen emotional stabilisieren, indem sie trösten und ermutigen, Ängste reduzieren und blinde Ausbrüche vermeiden helfen. Aber nicht nur in Krisenzeiten, sondern auch in guten Zeiten, in denen wir mit unserem rationalen Geist und unserer modernen Technik an Grenzen stoßen, haben wir eine Fülle von rituellen Handlungen entwickelt, die uns Mut und Kraft schenken. Als Kind habe ich sehr oft den Schweizer Skirennfahrern die Daumen gedrückt. NASA-Techniker rufen jeweils vor dem Start von Raketen wie bei der Anrufung Gottes mit rhythmischen Zuckungen »Go, Atlas, go!« Auch andere Ermutigungs-Wünsche wie »Hals- und Beinbruch«, »Mast- und Schotbruch«, »Glück auf«, »Petri Heil!« oder »Ski Heil« versuchen das Glück auf unsere Seite zu locken.

> *Welche Rituale haben mir bisher besonderen Trost und Ermutigung geschenkt?*
> *Welche Rituale gestalte ich, wenn ich mit meinen eigenen Möglichkeiten an Grenzen stoße und das Schicksal günstig stimmen will?*

Soziale Ordnung schaffen und erhalten

In Religionen und Regierungen, Militär und Firmen werden hierarchische Strukturen und Positionen, Ämter und deren Macht mit Ritualen bewusst gestärkt: ob mit Bischofshut oder Limousine, Ordensabzeichen oder reserviertem Parkplatz in der Tiefgarage.

➤ *Welche Rituale fördern die bestehende soziale Ordnung nach
meiner Meinung auf positive Weise – welche auf negative oder
gefährliche Weise?*
➤ *Welche Gemeinschafts-stabilisierenden Rituale fehlen meiner
Meinung nach in der Familie, am Arbeitsplatz und im öffentlichen Leben?*

Ausgleich und Kompensation

Die einen suchen den Ausgleich zwischen Privatleben,
Arbeitsplatz, gesellschaftlichen Engagements und Zeit für
sich. Andere versuchen die körperliche, geistige und spirituelle Ebene in der Balance zu halten. Auch zwischen Ge-
schlechtern und Generationen, Armen und Reichen, Arbeits-
kolleginnen, Klassenkameraden und Geschwistern wird
immer wieder der Ausgleich gesucht oder gefordert. Diesen
erreicht man oft nicht mit Worten, sondern gestaltet dafür
spezielle Rituale.

Bei Ehepaaren mit klassischen Rollenverteilungen besteht
das Kompensationsritual darin, dass der Mann nach Feierabend daheim zu den Kindern schaut, mit ihnen das Zimmer
aufräumt und sie ins Bett bringt. Oder dass er am Wochenende die Einkäufe besorgt, kocht und putzt. Und wer beruflich mehr abwesend ist, gewährt dem anderen dafür eine freie
Woche für Kurse oder für Ferien mit Freunden. Bei getrenn-
ten Ehepaaren werden oftmals die monatlichen Unterhalts-
zahlungen durch den früheren Ehemann als Ausgleichsritual
empfunden für begangenes Unrecht oder für seinen minima-
len Anteil an der Kinderbetreuung.

Auch Wochenenden und Ferien bilden Kompensationsrituale. Wer die Woche über und das ganze Jahr hindurch
angepasst seinen Dienst nach Vorschrift in der öffentlichen
Verwaltung verrichtet, sucht in der Freizeit das Abenteuer,

während sich der Event-Manager gern alljährlich auf dieselbe Alp zurückzieht.

Wenn jemand an einer anderen Person schuldig geworden ist und die beiden in einem Täter-Opfer-Verhältnis zueinander stehen, bildet die Bitte um Entschuldigung das häufigste und zugleich knappste Ausgleichsritual. Oft braucht es mehr als die Bitte um Vergebung, um eine Demütigung oder eine Verletzung, eine Beleidigung oder eine Grenzüberschreitung wiedergutzumachen. Zeigt der Täter nur halbherzig Reue, kann das Opfer nicht verzeihen. Die Weltreligionen haben in den letzten zwei bis drei Jahrtausenden Ausgleichsrituale vor allem in der Form von Reinigungsritualen und durch das Opfern von Nahrungsmitteln, Tieren und Menschen geschaffen. In der Politik bestanden Ausgleichsrituale bis vor über wenigen Jahrzehnten im Abtreten von Gebieten oder Königstöchtern. Einen Quantensprung schuf der damalige deutsche Bundeskanzler Willy Brandt am 7. Dezember 1970, als er in Warschau am Mahnmal für die jüdischen Opfer des Aufstands im Warschauer Ghetto (1943) einen Kniefall wagte.

Manche Kompensationsrituale im politischen und rechtlichen Bereich sind sehr fragwürdig. In vielen US-Bundesstaaten wird noch immer die Todesstrafe von Mördern zelebriert. Angehörige der Opfer streiten sich sogar um Eintrittskarten zur Exekution. Und US-Anwälte können astronomische Entschädigungs-Summen verlangen, wenn sich jemand an einem ausgekippten Kaffee die Beine verbrüht oder wenn der Hund in der Mikrowelle stirbt. Dass heute in der materialistischen bzw. monetären Gesellschaft Ausgleichsrituale vermehrt auf Ausgleichzahlungen reduziert werden, zeugt von einer gewissen Logik, aber auch von einer rituellen Verarmung.

> *Welche Ausgleichsrituale finde ich im Privatleben, am Arbeitsplatz und im öffentlichen Leben positiv und fair?*
> *Welche Ausgleichsrituale finde ich eher fragwürdig im Privatleben, am Arbeitsplatz und im öffentlichen Leben?*
> *Welche Ausgleichsrituale fehlen meiner Meinung nach in den verschiedenen Lebensbereichen?*

Heilen, schützen, segnen

Manche Zeitgenossen leiden auf der physischen oder psychischen, geistigen oder spirituellen Ebene. Die einen leiden an der medialen Reizüberflutung, andere werden von Ahnen geplagt, manche hören in der Nacht Stimmen, und wieder andere fühlen sich durch Ozonloch und Finanzkrise, Islamisten und Flüchtlinge bedroht. Darum haben Hoch- und Naturreligionen, schamanische und esoterische Zirkel sowie Hexen und Naturheiler im Lauf der Zeit Rituale entwickelt, die den Menschen Heilung und Schutz, Befreiung und Segen verleihen wollen und sollen.

Gerade den Bereich des Heilens und Segnens braucht man nicht zwingend an kirchliche und rituelle Profis zu delegieren. In manchen Familien existieren bis heute zumindest noch drei Segnungen, die sich Laien immer schon zutrauten. Manche segnen das Brot, ehe es frisch angeschnitten wird, indem mit dem Messer ein Kreuz auf die Unterseite des Brotes gezeichnet wird. Manche Eltern zeichnen den Kindern beim Abschied ein Kreuz auf die Stirn mit dem Weihwasser, das neben dem Hauseingang an der Wand in einem speziellen Becken aufbewahrt ist. Und an Dreikönig ziehen an manchen Orten Sternsinger durch die Straßen und zeichnen die Abkürzung der Segensworte und die Jahreszahl auf den Türrahmen. Die mit Kreide aufgemalten Buchstaben »C+M+B« erinnern an die drei Weisen Caspar, Melchior und Balthasar.

Tatsächlich aber bedeuten sie »*Christus mansionem benedicat*« – Christus möge diesem Haus Segen schenken.

»*Wenn ich auf der Autofahrt, beim Rad- oder Skifahren eine Gefahr für mich oder meine Kinder wittere, dann segne ich uns. Segnen ist für mich ein lebenswichtiges Ritual. Was immer als potenzielle Gefahr vor mir steht, lässt mich um Segen bitten und Segen erteilen*« (♀, 47 Jahre). Der Ausdruck »Segen« oder »Segnung« geht zurück auf das hebräische Wort »beracha«, die Wasserquelle. Der lateinische Ausdruck »benedicere« bedeutet das passende und positive Reden. Segnungen bestehen darum aus einem aufbauenden Wort und einer Zeichenhandlung, meistens mit dem Element Wasser.

Damit Segnungen wieder etwas mehr demokratisiert werden, will ich hier ein paar Vorlagen aufführen. Wer Mühe hat mit dem Wort »Gott«, kann und soll es ersetzen durch einen stimmigen Ausdruck wie »letzte Wirklichkeit«, »grenzenlose Liebe« oder »ewiger Liebesquell«.

Universaler Segen

Du Ursprung des Lebens, leite … …
Du Grund und Ziel unserer Hoffnung, ermutige … …
Du Fundament und Kraft in uns, stärke … …
Du Mitte unseres Herzens, weite … …
Du Funke unserer Liebe, bewege … …
Du treue und nahe Beschützerin, begleite … …
Du Wasser des Lebens, reinige … …
Du Quelle des Lichts, leuchte … …
Du Macht der Liebe, segne … …
um Frieden zu stiften und Gerechtigkeit zu üben.

Segen der Kraft

Licht möge in ... ... (mir, dir, uns) geboren werden
Kraft möge über ... ... kommen
Liebe möge in ... ... (meinem, deinem) Herzen wohnen
Friede möge aus ... ... strahlen
Segen möge ... ... begleiten
Und ... ... (ich, du, wir) möge Segen für andere werden
von Stund' zu Stund' bei Tag und bei Nacht.

Segen bei Entscheidungen, Anfängen und Übergängen

Gott, stärke, was in ... ... (mir, dir, uns) wachsen will,
schütze, was ... ... lebendig macht,
behüte, was ... ... entfalten kann
und bewahre, was ... ... loslassen.
Trage ... ... auf deiner Erde,
umgib ... ... mit deiner Wärme,
reiche ... ... deine bergende Hand,
leuchte wie die Sonne über ... ... Antlitz
und scheine wie eine Kerze in ... ... Herz.
Begleite ... ... vagen Pläne,
freu dich mit ... ... an kleinen Erfolgen,
tröste ... ... in der Trauer,
warne ... ... vor schnellen Vorurteilen
und leite ... ... in ... ... Entscheidungen.
Halte ... ..., wenn ... ... in Löcher fallen,
stütze ... ..., wenn der Halt von Freunden fehlt,
ermutige ... ... in ... ... kleinen Schritten
und segne ... ..., wenn ... ... aufbrechen zu dir.
Es segne ... ... die dreieine Gottheit,
Vater, Sohn und Heiliger Geist. Amen.

Segen bei Aufbruch und Unterwegssein

Dreieine Gottheit,
schenk ... ... (mir, dir, uns) Kraft zum Unterwegssein
Mut zur Versöhnung
Grund zur Hoffnung
Vertrauen zum Miteinander
Begeisterung zum Aufbruch
und Segen für ... ... und unsere Lieben
alle Menschen und Lebewesen,
die Erde und das Universum.

Segen in Übergängen

Dreieine Gottheit der Übergänge,
segne, was ... ... beenden und loslassen,
lass ... ... dankbar zurückschauen auf das, was hinter ... ... liegt.
Dreieine Gottheit der Übergänge,
lass dein Licht leuchten über ... ... und deinen Ruf hören,
wenn ... ... mit vielen Fragen im Unwissen tappen.
Dreieine Gottheit der Übergänge,
schenk ... ... Mut, Kraft und Optimismus,
um neue Schritte zu wagen und ... ... auf Neues einzulassen.
Es segne ... ... die dreieine Gottheit,
Vater, Sohn und Heiliger Geist. Amen.

Reisesegen

Gott, geleite, beschütze und segne (mich, dich, uns, alle Menschen),
wohin ... ... auch gehe(n).
Lass ... ... die inneren und äußeren Ziele erreichen
bis zum allerletzten Ziel, bei Dir Ruhe zu finden.
Bewahre ... ... vor allen Gefahren während der Reise,
ob zu Land, auf See oder in der Luft.
Öffne ... ... Sinne, ... Geist und ... ... Herz,
auf dass ... ... in den Schönheiten der Erde
und im Angesicht der Mitmenschen
dein Antlitz erkennen und ehren können.

➤ *Welche Rituale, die heilen, schützen oder segnen, kenne und*
  praktiziere ich?
➤ *Welche neuen Rituale wären wichtig und notwendig, um Men-*
  schen zu heilen, zu schützen und zu segnen?

7. Wer, wie, was, wo? Ritual-Checkliste

Auch auf die Gefahr hin, dass hier einige Elemente aus den
bisherigen Kapiteln wiederholt werden, dient dieses Kapitel
als Check-Liste beim Kreieren von eigenen Ritualen.

Sonntagsbraten, Karneval oder Hochzeit?
Frequenz

➤ *Steht ein Ritual im Alltag, im Wochen-, Monats- oder Jahres-*
  zyklus an oder an einem entscheidenden Wendepunkt meiner
  Biografie?
➤ *Welche kleinen Übergänge im Alltag – vom Erwachen bis zum*
  Einschlafen – möchte ich bewusster gestalten?

➤ *Wo möchte ich im Wochenzyklus / Monatszyklus / Jahres-*
zyklus / an Lebenswendepunkten klare Akzente setzen, wo ich
dem Leben eine feierliche Note schenke, bewusst zurückblicke
und vorausschaue?

Ehren, trauern oder Sau rauslassen?
Inhalt, Ziel und Funktion

➤ *Welchen Veränderungsprozess soll das Ritual thematisieren,*
verdichten und unterstützen – auf der persönlichen, partner-
schaftlichen, beruflichen oder gesellschaftlichen Ebene?
➤ *Mit welchen Prozessen und Emotionen ist der Bruch oder Über-*
gang verbunden?
➤ *Welche Wirkungen will ich mit dem Ritual erzielen?*

Staatsakt, Heimfest oder Taufe?
Kontext

➤ *In welchem sozialen und kulturellen Rahmen und Zusammen-*
hang steht das geplante Ritual?
➤ *Welche besonderen Regeln und Stile, Etiketten und Codes sind*
in diesem Kontext zu beachten?
➤ *Wo kann und will ich bewusst mit Regeln und Etiketten brechen*
oder sie zumindest leicht verändern, damit sie nicht zwanghaft
und formalistisch werden?

Initiation oder Trennung?
Phasen

➤ *Wie benenne ich die drei Phasen des geplanten Rituals?*
➤ *Welche Prozesse und Emotionen sind mit den drei Phasen ver-*
bunden?
➤ *Mit welchen Elementen will ich diese Prozesse und Gefühle*
konkret ausdrücken?

Mitwirkende, Gäste oder Zuschauer?
Rollen

➤ *Wen möchte ich bei einem geplanten Ritual unbedingt dabei haben? Wer darf dabei sein? Wer ist verpflichtet?*

➤ *Wer hat welche Rolle und Aufgaben? Wer ist Akteur, Proband, Prüfer, Moderator, Veranstalter, Verantwortlicher, Repräsentantin, Zeugin oder Spezialist?*

➤ *Wie kann ich in einem geplanten Ritual den Mitfeiernden eine aktivere Rolle verleihen? Mit welchen Elementen werden die anwesenden Gäste zu beteiligten Akteuren?*

➤ *Geschieht die Einladung kollektiv oder selektiv, lange geplant oder spontan?*

➤ *Gibt es abgestufte Teilnahmen wie bei Hochzeiten, wo die einen zu Zivilhochzeit und Aperitif, andere zum religiösen Ritual und wieder andere zum abendlichen Bankett geladen sind?*

Schloss, Kirche oder Wiese?
Ort

➤ *Bei welchen Ritualen habe ich den Ort sehr stimmig oder störend erlebt – und warum?*

➤ *In welchem Raum würde ich heute heiraten oder ein anderes wichtiges Ritual mit spirituellem Gehalt gestalten wollen?*

➤ *In welchem Raum soll nach meinem Tod einmal die Trauerfeier stattfinden?*

➤ *Welche Rituale möchte ich in meinem eigenen Wohnbereich gestalten?*

➤ *Welches Ritual will ich im Freien gestalten? Und welches ist die Schlechtwettervariante?*

Reden und Essen, Musik und Geschenke?
Elemente und Stilmittel

➤ *Welche Elemente habe ich bei früheren Ritualen bewusst gewählt und dafür viel positive Zustimmung erhalten?*

➤ *Welche Elemente finde ich bei Ritualen problematisch, heikel oder störend?*

➤ *Welche Gestaltungselemente will ich künftig bei Ritualen bewusst verwenden?*

➤ *Welche sprachlichen Stilmittel eignen sich für das Ritual? In welchen Sprachen wird gesprochen? Werden Anwesende zum Notieren ihrer Gedanken oder Wünsche animiert? Wer hält zu welchem Thema oder zu welcher Phase eine Rede oder drückt einen Wunsch aus?*

➤ *Werden Bilder oder bestimmte Objekte und Medien integriert? In welcher Form?*

➤ *Wie wird der Körper ins Ritual einbezogen? Wird getanzt? Wann steht, sitzt oder liegt man? Wird der Körper gereinigt oder bemalt?*

➤ *Welche Kleiderregeln gelten beim Ritual? Schreibt der Dresscode Kostümierung oder gar Maskierung vor? Wird jemand beim Angliederungsritual neu gekleidet?*

➤ *Werden theatralische Elemente, Spiele oder Sketches integriert?*

➤ *Werden in den Räumlichkeiten besondere Elemente wie Licht und Feuer, Blumen, Weihrauch, Duftlampen, Räucherstäbchen und Öle verwendet?*

➤ *Wer überreicht welche Geschenke, Urkunden, Medaillen oder Schecks?*

➤ *Wird ein offizielles Programm geschrieben mit zentralen Texten des Rituals und mit den Übersetzungen von Texten?*

➤ *Welche Bedeutung und welche Form nehmen Essen und Trinken im Ritual ein? Wird vor, während oder nach dem Ritual gegessen und getrunken? Sitzen die Gäste mit fester Tischordnung oder stehen sie und zirkulieren frei im Raum?*

➤ *Welchen Musikstil wählen wir? Profimusiker, CD oder selbst singen?*

➤ *Welche Versprechen, Commitments oder Vereidigungen sind mit dem Ritual verbunden?*

➤ *Bekommt jemand bei einem Angliederungsritual einen neuen Namen?*

➤ *Kommen noch andere Elemente vor wie Opfergaben, Umzüge und Prozessionen oder das Pflanzen eines Baumes?*

Wie und wann muss ich woran denken?
Plan und Vorbereitung

➤ *Bei welchen Ritualen hat sich eine genaue Planung und Vorbereitung bewährt oder das Fehlen negativ gezeigt?*

➤ *Bei welchem anstehenden Ritual muss ich mir die Planung und Vorbereitung noch genauer überlegen (mit Zeitplan, Finanzplan, Drehbuch)?*

➤ *Brauchen wir Probetermine?*

II. Den Tag gestalten: Alltagsrituale

Nicht alle Rituale werden gleich häufig wiederholt. Ein Kind können wir jeden Abend im Bett segnen, während wir nur einmal im Leben getauft und beerdigt werden. Die Buchteile II bis IV thematisieren Rituale nach ihrer Häufigkeit oder *Frequenz*. Die Ritualtheorie unterscheidet zwischen alltäglichen Ritualen (Teil II), zyklischen Ritualen (Teil III) sowie Ritualen an den Wendepunkten unserer Biografie (Teil IV). In diesem Teil II betrachten wir die Alltagsrituale chronologisch vom Morgen bis zum Abend.

Zunächst lade ich Sie ein, den Ist-Zustand Ihrer Alltagsrituale sowie den Wunsch-Zustand in einem Jahr zu notieren. In der ersten Spalte notieren Sie Rituale, die Sie heute täglich gestalten. In den Spalten 2 und 3 kreuzen Sie an, ob Sie diese alleine oder zusammen mit anderen gestalten. Danach notieren Sie Rituale, die Sie in Zukunft gerne täglich gestalten möchten und kreuzen in den Spalten 4 und 5 an, ob Sie diese alleine oder mit anderen gestalten wollen – allerdings ohne die geringste Erwartung, diese Rituale tatsächlich umsetzen zu müssen.

Ritual	heute allein	heute gemeinsam	in 1 Jahr allein	in 1 Jahr gemeinsam

Vielleicht sind Sie überrascht, dass die fünf Zeilen für Ihre Alltagsrituale nicht ausreichten. Oder vielleicht sind Sie nun betrübt, weil Sie nur ein oder zwei Rituale mehr oder weniger täglich gestalten und auch da nicht ganz sicher sind, ob es sich wirklich um Rituale mit einer transzendenten Bedeutung handelt oder doch eher um Routinehandlungen.

➤ *Wie weit erlebe ich die alltäglichen Rituale als bewusste Zäsuren, als Anhalten und Möglichkeit zum Innehalten?*

➤ *Wie weit erlebe ich die praktizierten Rituale als Halt im Sinne von Stützen und Orientierung im Alltag?*

➤ *Wie weit bilden die notierten Rituale auch Halt im Sinne von Haltung und innerlicher Ausrichtung?*

➤ *Welche konkreten Schritte unternehme ich, um bestehende Rituale zu verändern, zu fördern oder abzuschaffen?*

➤ *Welche konkreten Schritte unternehme ich, um Wunschrituale neu einzuüben oder in meiner Lebensbiografie entsprechend zu terminieren?*

Morgenstund hat Gold im Mund

»*Der Wecker klingelt fast zwei Stunden vor dem Weggang aus der Wohnung. Erst bleiben mein Partner und ich eine Viertelstunde im Bett liegen, erzählen uns unsere Nachtträume, was uns von gestern noch beschäftigt und was uns am heutigen Tag erwartet. Von April bis Oktober stehen wir noch früher auf und gehen nach einer ersten Tasse Kaffee joggen. Freudig und dankbar nehme ich die frische Luft und den Wellengang am See, die wechselnden Farben der Bäume und Pflanzen sowie das Wachsen der Enten, Gänse und Schwäne wahr. Mit meiner Gesichtspflege könnte ich in zehn Minuten fertig sein, doch mit dem gepflegten Aussehen verleihe ich nicht nur mir selbst Wertschätzung und Respekt, sondern auch allen Mitmenschen, denen ich am Tag begegnen werde. Dieser ruhige Start am Morgen ohne Hetze schenkt mir eine stabile Basis für den ganzen Tag*« (♀, 38 Jahre). »*Am frühen Morgen mache ich Yoga und sitze im Schweigen, danach koche ich mir einen feinen Kaffee. Dieser bewusste Einstieg in den Tag stärkt meine Präsenz, meine Ruhe, meine Beweglichkeit, mein Ausgerichtetsein. Es erinnert mich leise, was für mich wirklich wichtig ist im Leben und schenkt mir das erste Blinzeln in einen neuen Tag*« (♀, 36 Jahre). Bereits die verschiedenen Weisen der Aufsteh- und Morgenkultur zeigen auf, dass Rituale und Routinehandlungen im Alltag nur schwer zu unterscheiden sind. Ob eine Handlung rituellen Charakter hat, hängt vor allem von der Intention der Akteure und nicht von der Wirkung nach außen ab.

➤ *Wie beginne ich meinen Alltag?*
➤ *Welche meiner morgendlichen Routinehandlungen enthalten eine tiefere Bedeutung?*
➤ *Welche Morgenrituale möchte ich neu einführen, ändern oder abschaffen?*
➤ *Welche Morgenrituale fehlen mir?*

Die Gestaltung des Privatbereichs ist wichtig. In der westlichen Kultur unterscheiden wir oft wenig zwischen Privatbereich und Öffentlichkeit. Muslime trennen diese Bereiche sehr deutlich. Der Übergang zwischen den beiden Ebenen ist wichtig und verdient eine stilvolle und bewusste Gestaltung. Das beginnt mit dem Verlassen der Wohnung oder des Hauses am Morgen: *»Da ich gerne Dinge vergesse, packe ich meine Utensilien in die Handtasche nach dem System KISAG (Kulturbeutel, iPhone, Schlüssel, Agenda und Geldbeutel)«* (♀, 49 Jahre). *»Ehe ich zur Wohnungstüre raus gehe, werfe ich einen letzten Blick in den Spiegel und prüfe, ob alles passt und ob ich mir gefalle«* (♀, 42 Jahre). *»Die Wohnung verlasse ich stets aufgeräumt. Die äußere Ordnung und Gepflegtheit schenkt mir innerliche Stabilität und Halt. Ich brauche dieses Gerüst. Unordnung belastet mich«* (♀, 38 Jahre). *»Bewusst lege ich einen kurzen Zwischenstopp an der Türschwelle ein und frage mich: Wo komme ich her, wo gehe ich hin?«* (♀, 37 Jahre).

➤ *Wie verlasse ich morgens die Wohnung oder das Haus?*
➤ *Wie wichtig ist mir die Trennung zwischen privatem und öffentlichem Bereich?*
➤ *Welche neuen Rituale könnte ich mir vorstellen für den Übergang vom privaten in den öffentlichen Bereich?*

Hallo und tschüß

In der mobilen Gesellschaft, wo Wohnort, Arbeitsplatz und Freizeitraum oft weit auseinander liegen, sind der permanente Abschied und das ständige Ankommen zum Normalfall geworden. Die Art und Weise, wie wir uns im Alltag begrüßen und verabschieden, sagt auf der individuellen

Ebene viel über die Nähe und Beziehung zwischen den Personen aus. Vom Partner verabschieden wir uns anders als von den Eltern, von den Kindern anders als von den Kollegen oder Freunden: *»Menschen, die mir nahe stehen, begrüße und verabschiede ich mit einer herzhaften Umarmung. Auch ein bewusstes Händeschütteln finde ich sehr schön. Was ich nicht so mag, sind die Küsschen links und rechts auf die Wange«* (♀, 38 Jahre). *»Die meisten verabschiede ich mit einem Händedruck, gerne berühre ich auch den Rücken oder die Schulter oder die Hand mit meinen beiden Händen und halte die Person etwas länger, wenn etwas Spezielles war oder ist«* (♀, 49 Jahre). *»Wenn mein Partner und ich uns verabschieden oder schlafen gehen, zeichnen wir uns immer ein Kreuz auf die Stirne. Wir tun dies auch per Telefon oder Skype oder SMS, wenn wir räumlich voneinander getrennt sind«* (♀, 38 Jahre). *»Ich blicke den Menschen in die Augen, lächle und gebe die Hand. Frauen gebe ich gerne zwei Küsse auf die Wange und hoffe dabei, dass wir nicht nur die Luft daneben küssen, sondern Zuneigung oder zumindest Gewogensein bewusst empfinden«* (♂, 72 Jahre). *»In der Schweiz gehen mir als Deutsche drei Küsse zur Begrüßung und drei Küsse zum Abschied oft zu nahe. Ich finde, ein einziger Kuss würde reichen«* (♀, 49 Jahre).

Gerade das letzte Zitat zeigt, wie stark Begrüßungs- und Abschiedsrituale kulturell geprägt sind. Als Kind war ich jeweils geschockt, wenn ich im Fernsehen sah, wie sich männliche Politiker in Russland auf den Mund küssten. Manchmal passt es auch, wenn man sich nicht nur an die Etikette hält. George W. Bush begrüßte im Juni 2007 den Papst in Rom mit »Sir« statt »Eure Heiligkeit«. Der bayerische Pontifex nahm es dem texanischen Cowboy offenbar nicht übel. Beeindruckt bin ich jeweils auf meinen Reisen nach Iran. Dort berühren sich Frauen und Männer in der Öffentlichkeit niemals. Statt Handschlag, Umarmung oder Wangenkuss halte ich als Mann meine rechte Hand auf mein Herz, wenn ich eine Frau begrüße. Ich empfinde die Geste als stimmigen Ausdruck von Herzlichkeit und Respekt.

In Partnerschaften drücken die nuancierten Gesten bei der Begrüßung oft eine tiefere Botschaft aus: »Ich freue mich, dass ich endlich bei dir bin.« Oder: »Ich bin innerlich noch nicht angekommen, lass mir noch etwas Zeit.« Oder: »Ich freue mich nicht auf dich und wäre jetzt lieber alleine.«

Wenn wir die täglichen kleinen Abschiede bewusst und stimmig gestalten, entwickeln wir eher einen Sinn für die Ritualisierung der größeren Übergänge und Abschiede im Leben, ob vor längeren Reisen, beim Verlassen von Arbeitsplätzen und Wohnorten oder beim endgültigen Abschied von Verstorbenen.

➤ *Welche Begrüßungs- und Abschiedsrituale erlebe ich bewusst als Zäsuren und Innehalten im Alltag?*

➤ *Welche alltäglichen Begrüßungs- und Abschiedsrituale finde ich besonders respektvoll und Halt gebend?*

➤ *Welche alltäglichen Begrüßungs- und Abschiedsrituale sind für mich nicht stimmig und möchte ich ändern?*

➤ *Welche Begrüßungs- und Abschiedsrituale fehlen meiner Meinung nach im Privatleben, am Arbeitsplatz oder in der Öffentlichkeit?*

Mahlzeit!

Essen ist mehr als reine Kalorienzufuhr. Kulturen werden nicht nur nach ihrer Dichtern und Bauwerken beurteilt, sondern auch nach ihrer Küche und ihrem Essverhalten. Mahlzeiten haben einen stark rituellen Charakter und können uns im dreifachen Sinn Halt geben: Sie unterbrechen den Fluss des Tages, sie schenken durch die Gemeinschaft Stabilität.

Und in der Art und Weise, wie wir uns ernähren und wie wir die Tischgemeinschaft pflegen, entwickeln wir auch Haltung und Stil: *»Wenn ich alleine esse, beginne ich die Mahlzeit mit einem stillen Dank«* (♀, 45 Jahre). *»Beim Essen denke ich an die beiden Engel der Luft und des Wassers: Ich atme bewusst während des Essens. So wird das Essen vom Engel der Luft gesegnet. Und ich esse langsam, wodurch die Speichelbildung und die Vorverdauung angeregt werden. Dadurch wird das Essen vom Engel des Wassers gesegnet«* (♀, 38 Jahre). *»Ich versuche mir jeweils vorzustellen, woher die Produkte kommen und was alles mit ihnen geschehen ist, bis sie jetzt so hier auf dem Teller liegen können«* (♀, 25 Jahre). *»Vor jeder Mahlzeit segne ich das Essen. Als Muslim spreche ich vor der Mahlzeit die ›Bismilla‹ und nach der Mahlzeit lobe ich Gottes Gnade«* (♂, 60 Jahre). *»Wenn wir mit den Kindern essen, dann singen wir ein Lied«* (♀, 46 Jahre). *»Mein Mann, die beiden Buben und ich reichen uns zu Beginn der Mahlzeit im Kreis die Hände«* (♀, 33 Jahre).

Bei 20 Prozent der Deutschen kommt es werktags zu keiner gemeinsamen Mahlzeit. Dennoch oder gerade deshalb zeigen Umfragen, dass über 80 Prozent der deutschen Kinder den Familientisch als einen Ort der Kommunikation, Gemütlichkeit und Entlastung von Sorgen schätzen. Mahlzeiten stellen soziale Zugehörigkeiten und Gemeinsamkeiten her. Und sie sind auch der Ort, wo Kinder Manieren, Hygiene, Verzicht, Selbstbeherrschung und Respekt gegenüber Nahrungsmitteln einüben.

In den verschiedenen Familien, Regionen, Ländern, Kulturen und Religionen werden an bestimmten Festtagen, Trauertagen, Fastentagen oder Bußtagen ganz bestimmte Speisen rituell verzehrt. Solche Rituale stiften Gemeinschaft und Identität. Rituell ist auch das Anstoßen mit Getränken. In der deutschsprachigen Schweiz stößt man beim Trinken von Wein, Bier und Schnaps immer an und schaut sich dabei in die Augen und wünscht sich Gesundheit. Sich nicht anzuschauen, gilt als unhöflich. In der französischen Schweiz prostet man sich nicht zu, man betrachtet dieses Ritual als bäurisch. Historisch stieß man nur mit Getränken der gleichen Art an. Das hat einen pragmatischen Grund. Im Mittealter haben Ritter oft Gift in den Krug der Gegner gemischt. Und um sicher zu gehen, dass man nicht einem Mordanschlag zum Opfer fallen würde, wurden die schweren Krüge vor dem Trinken so fest aneinander gestoßen, dass etwas Bier oder Wein vom einen Krug in den anderen schwappte. Wer also dem Feind Gift ins Getränk geschüttet hatte, lief Gefahr, selbst einen Schluck zu erwischen. Und wer nicht anstoßen wollte, machte sich logischerweise verdächtig.

➤ *Wie weit erlebe ich Mahlzeiten als bewusste Zäsuren im Alltag?*
➤ *Welche Rituale finde ich bei Mahlzeiten besonders stimmig, Gemeinschaft fördernd und Halt gebend?*
➤ *Welche Essensrituale möchte ich ändern oder abschaffen, weil sie mir nicht stimmig erscheinen?*
➤ *Welche Rituale fehlen meiner Meinung nach bei alltäglichen Mahlzeiten, ob alleine, in der Familie, am Arbeitsplatz oder in der Öffentlichkeit?*

Pause, Siesta, Power-Nap

Rituale lassen uns anhalten und verleihen uns Halt. Das gilt auch und gerade für die kurzen Zäsuren in unserem Alltag: im kurzen Durchlüften und Durchatmen oder beim Smalltalk am Kaffeeautomaten. Das tägliche Anhalten bildet eine gute Basis für eine Anhalte- und Inne-halte-Kultur, die auch gelingt bei der Gestaltung von größeren Veränderungsprozessen oder von wichtigen Ereignissen im Jahreszyklus. Der

Slogan »*Coca-Cola, mach mal Pause*« wandte sich im Jahr 1955 an die Arbeiterschaft in Fabriken und modernen Büros. Pausen waren aber schon früher üblich und nötig. Die alten Griechen schufen den Ausdruck *pausis* für Rast, Unterbrechung und Stillstand. Pausen existieren in allen Lebensbereichen und sind von unterschiedlicher Dauer. Musikpausen dauern oft nur Sekundenbruchteile, Kaffee- und Halbzeitpausen beim Fußball 15 Minuten, Sommer- oder Winterpausen mehrere Monate und Beziehungspausen manchmal Jahre. In Pausen unterbrechen wir den gewohnten Trott und sorgen für einen Ausgleich. Dazu gehören auch das Dösen, Schlummern und Schlafen. Je südlicher wir nach Europa reisen, umso länger dauert die Siesta – in der Regel von 14 bis 17 Uhr. Der Begriff geht auf die sechste *(sexta)* Stunde nach Sonnenaufgang zurück, wo es bekanntlich am heißesten ist. Leider nimmt die Bedeutung der Siesta ab, weil ausländische Unternehmen durchgehende Arbeitszeiten fordern und Klimaanlagen in modernen Büros die einschläfernde Hitze vertreiben. Typisch für unsere Leistungsgesellschaft ist auch, dass die Siesta von Schlafforschern mit dem Ziel analysiert wurde, dass wir den Power-Nap rechtzeitig abbrechen. In einem kurzen Dösen erhöht sich unsere Konzentrations-, Leistungs- und Reaktionsfähigkeit, aber nach 30 Minuten versinken wir in den Tiefschlaf. Inzwischen bieten nicht nur asiatische Firmen Räume für Power-Naps an, sondern auch BASF, Opel und Lufthansa.

➤ *Welche Formen von Anhalten und Unterbrechen gestalte ich im Alltag, um mich zu regenerieren?*
➤ *Welche Art Pausen fehlt mir im Privatbereich, am Arbeitsplatz oder im öffentlichen Leben?*

Vielen fällt es schwer, nach dem Arbeitstag abzuschalten, runterzufahren und den Übergang ins Privatleben zu finden. Manche Frauen beklagen sich über ihre Gatten, die zwar physisch vom Büro nach Hause kommen und sich mit den Kindern beschäftigen, aber innerlich nicht präsent sind und manchmal sogar einnicken neben dem spielenden Kind. Am besten gelingt der Feierabend, wenn wir die drei Phasen des Rituals in Erinnerung rufen: Das Alte verabschieden, die Schwelle nutzen und uns auf Neues einstellen. *»Ich fahre den Computer herunter und schalte selber in dieser Zeit bewusst ab«* (♂, 49 Jahre). Das Abschalten gelingt nicht, wenn wir uns abends mit schlechtem Gewissen durch die Hintertür aus dem Büro schleichen. Hilfreich ist es, wenn wir das Altpapier und den Müll entsorgen, den Schreibtisch halbwegs aufräumen, ein Kleidungsstück ablegen und die Kollegen stilvoll verabschieden.

Für den Übergang von der Arbeitswelt ins Privatleben gibt es viele Möglichkeiten: *»Ich nehme von der Klinik zum Bahnhof absichtlich nicht den Bus, sondern gehe die halbe Stunde zu Fuß«* (♂, 55 Jahre). *»Wenn ich mit dem Auto unterwegs bin, höre ich einen Radiosender mit beruhigendem Jazz oder klassischer Musik«* (♀, 33 Jahre). Andere schalten eine Stunde Sport ein oder legen einen Boxenstopp ein in der Stammkneipe.

Das innere und äußere Ankommen kann man mit bewussten Gesten unterstützen: *»Bevor ich zur Haustüre eintrete, atme ich zwei bis drei Mal ein und aus und versuche meinen Kopf zu leeren, um bereit zu sein für meine Familie, die mich drinnen erwartet«* (♀, 33 Jahre). Manchen fällt das Ankommen am einfachsten, wenn sie daheim zuerst etwas Manuelles tun können wie Blumen gießen oder Abendessen bereiten. Andere duschen sich den Arbeitsalltag vom Leib und wechseln die Kleidung.

Viele setzen sich auch gleich mit der Partnerin oder dem Partner gemütlich hin und tauschen ihre Erlebnisse aus. Oder sie versuchen bewusst vor den anderen daheim zu sein, um sich Stille zu gönnen: *»Ich zünde ein paar Kerzen an, koche mir Tee, lese und genieße die Stille, bis mein lauter Mann von der Arbeit zurückkommt«* (♀, 40 Jahre). Wie alles in der Welt muss auch die Feierabend-Kultur von klein auf eingeübt werden: *»Obwohl meine Kinder bereits 10 und 13 Jahre alt sind, bereite ich ihnen nach der Schule eine Zwischenmalzeit, bei der wir uns über Freud und Leid des Erlebten unterhalten«* (♀, 42 Jahre).

➢ *Welche Rituale helfen mir, um die Arbeit loszulassen und mich auf das Privatleben einzulassen?*
➢ *Welche Rituale fehlen meiner Meinung nach, um diesen täglichen Übergang leichter zu gestalten?*

Sleep well – sweet dreams!

Kinder brauchen zum Einschlafen ihre ganz bestimmten Lieder und Geschichten, Gesten und Umarmungen, Kissen, Decken, Puppen und Plüschtiere, Milchflasche und Beleuchtungskonzepte. *»Das Abendgebet vor dem Einschlafen war ein enorm wichtiges Ritual. Meine kleinen Kinder dankten für das Erlebte während des Tages, dachten an andere Menschen und wünschten sich ein gutes Herz«* (♀, 46 Jahre). Eine bewusste Gute-Nacht-Kultur erleichtert aber auch Erwachsenen den Übergang in einen ruhigen Schlaf und schenkt Halt im dreifachen Sinn: bewusste Zäsur sowie Gewinn an Sicherheit und innerer Haltung. *»Den Tag beende ich mit Körperübungen, einigen tiefen Atemzügen, einem guten Buch sowie Segensgrüßen für alle meine Lieben und Ungeliebten«* (♀, 49 Jahre). *»Ich lösche das Licht aus im Gedanken daran, wo in diesem Moment auf dem Planeten die Lichter angehen«* (♂, 51 Jahre). *»Den Tag beende ich* mit einem Kuss an meinen Mann und einem ›Gegrüßt-seist-du-Maria‹-Gebet« (♀, 46 Jahre). »In Gedanken reflektiere ich den vergangenen Tag. Was war schön, was war nicht so erfreulich? Besonders schöne Momente trage ich in mein ›Rosinenbuch‹ ein. Das ist ein Tagebuch, wo ich ausschließlich schöne Ereignisse notiere. Auch stelle ich mich innerlich auf den nächsten Tag mit seinen Terminen, Verabredungen und Besonderheiten ein« (♀, 38 Jahre). »Abends reibe ich im Bett meine Hände und Füße mit einer feinen Creme ein und lese noch zwei bis drei Seiten, ehe ich müde einschlafe« (♀, 42 Jahre). »Wenn mir mein Partner im Bett ›Gute Nacht‹ sagt, nehmen wir uns in die Arme und sagen uns, dass wir uns lieben« (♀, 42 Jahre). »Meine Frau und ich zeichnen uns gegenseitig vor dem Einschlafen immer ein Kreuz auf die Stirn« (♂, 48 Jahre).

In meiner abendlichen »geistlichen Tagesschau« lasse ich die letzten 24 Stunden als inneren Film nochmals ablaufen, spüre meiner Dankbarkeit nach und gebe auch den Momenten von Trauer, Ungeduld, Ärger oder Leere Raum. Dann werfe ich einen inneren Blick auf den kommenden Tag und bitte um Liebe, Kraft und Achtsamkeit. Schließlich beende ich meine Tagesschau mit dem »Bruder-Klaus-Gebet«:

Gott, nimm alles von mir, was mich hindert zu dir.
Gott, gib alles mir, was mich führet zu dir.
Gott, nimm mich mir und gib mich ganz zu eigen dir.

➤ Mit welchen rituellen Handlungen halte ich den Tag an?
➤ Welche Abendrituale geben mir ein besonderes Gefühl von Geborgenheit und Halt?
➤ Welche Rituale fehlen meiner Meinung nach am Abend und vor dem Einschlafen?

Am Ende dieses zweiten Buchteils kehre ich nochmals kurz zum Anfang des Buchteils II und dem Diagramm zurück.

➤ *Was hat sich verändert?*
➤ *Welches Alltagsritual, das ich bereits praktiziere, hatte ich anfänglich bei der Aufzählung vergessen?*
➤ *Und welche Alltagsrituale, die ich in Zukunft in mein Leben integrieren möchte, sind beim Lesen des Kapitels neu hinzugekommen?*

III. Kreis des Lebens: zyklische Rituale

Viele rituelle Handlungen wiederholen sich bei uns nicht täglich, sondern eher im Wochen-, Monats- oder Jahresrhythmus. Die Ambivalenz gegenüber Ritualen, von der im ersten Kapitel die Rede war, richtet sich zu einem beträchtlichen Teil gegen diese zyklisch wiederholten und emotional aufgeladenen Feiern. Manche Wochen- oder Jahresrituale sind zu Zwangshandlungen und Ritualismus verkommen. Zyklische Rituale werden gleichzeitig heiß geliebt und bitter gehasst, eifrig gesucht und möglichst gemieden, lustvoll zelebriert und stur zementiert, fanatisch hochgehalten und aus Ideologie abgeschafft. Manche Zeitgenossen bekommen an Weihnachten regelmäßig die Krise oder scheuen Geburtstagsfeiern im Freundeskreis wie der Teufel das Weihwasser, während andere gerade für zyklische Rituale ein besonderes Flair empfinden: *»Ich liebe Weihnachten, Ostern und Geburtstage, weil wir uns da unserer kultureller Wurzeln bewusst werden und die Rituale im Kreise unserer Liebsten feiern dürfen«* (♀, 46 Jahre).

➤ *An welche Rituale, die ich im Abstand einer Woche, eines Monats oder eines Jahres gestalte, denke ich spontan? Und mit welchem Gefühl verbinde ich sie?*

8. Immer wieder sonntags: Wochen-Rituale

So wie der Sonntag bei vielen Menschen mit drei dicken Zeitungen und weichem Ei beginnt und mit sportlichen Tätigkeiten seinen weiteren Lauf nimmt, so endet der Ruhetag auch in vielen Wohnzimmern rituell mit dem »Tatort«. Wochenrituale beziehen sich aber nicht nur auf den Sonntag – beziehungsweise Freitag bei Muslimen und Samstag bei den Juden. Der Samstag ist in vielen Familien vollgespickt mit Shopping-, Autowasch-, Sport- und Badewannen-Ritualen. Und nicht zu vergessen das Glasrecycling-Ritual. An vielen Sammelstellen ereignet sich ein sinn- und lustvolles Loslass-Ritual, das alle Sinne anspricht.

Zunächst lade ich Sie ein, Ihre Wochen-Rituale in die folgende Liste zu notieren: den heutigen Ist-Zustand sowie den Wunsch-Zustand in einem Jahr.

Ritual	heute allein	heute gemeinsam	in 1 Jahr allein	in 1 Jahr gemeinsam

➤ *Wie weit erlebe ich meine wöchentlichen Rituale als bewusste Zäsuren, als Anhalten und Innehalten?*

➤ *Wie weit erlebe ich meine wöchentlichen Rituale als Halt im Sinne von Stützen und Orientierung?*

➤ *Wie weit bilden meine wöchentlichen Rituale Halt im Sinne einer ethisch-menschlichen Ausrichtung?*

➤ *Welche Schritte unternehme ich, um bestehende Wochen-Rituale zu verändern, zu fördern oder abzuschaffen?*
➤ *Welche Schritte unternehme ich, um neue wöchentliche Wunschrituale einzuüben oder in meiner Lebensbiografie entsprechend zu terminieren?*

Die folgenden Wochenrituale regen Sie vielleicht dazu an, Ihre eigene Wunschliste noch zu ergänzen: *»Meine liebsten Wochenrituale sind der Gang über den Markt und der Kauf von Blumen fürs Büro. Am Samstagmittag gehe ich sehr gerne im Dorf zum Frühschoppen mit Freunden«* (♀, 45 Jahre). *»Einmal wöchentlich genieße ich ein Basenbad. Dieses Bad regeneriert mich physisch und psychisch auf wundersame Weise. Und wenn ich nach dem Bad den Stöpsel aus dem Ablauf ziehe, spüre ich, wie der ganze Ballast abfließt und steige gestärkt aus der Wanne«* (♀, 38 Jahre). *»Sonntags gehe ich jeweils in den nahen Bergen spazieren und nehme die Isodecke, die Thermosflasche und ein Buch mit«* (♀, 49 Jahre). *»Sonntags pilgere ich morgens zum nahe gelegenen Kloster, besuche die Messe und spaziere wieder nach Hause. Dann genieße ich mit meinem Mann bei klassischer Musik einen gemeinsamen Brunch«* (♀, 38 Jahre).

➤ *Welche Wochenrituale möchte ich im Diagramm noch ergänzen?*
➤ *Welche wöchentlichen Rituale fehlen mir im Privatbereich, am Arbeitsplatz oder im öffentlichen Leben?*

9. An jedem Ersten: Monats-Rituale

Der Monatszyklus ist vor allem für gebärfähige Frauen stark spürbar: *»Wenn meine Regelblutung einsetzt, wird mir jedes Mal bewusst, wie schön es trotz Schmerzen ist, eine Frau zu sein und wie unglaublich genial der menschliche Körper arbeitet«* (♀, 38

Jahre). Daneben ist der Monatszyklus allenfalls noch mit Lohn-Ritualen verbunden: »*Sobald das Monatsgehalt auf dem Bankkonto liegt, gehe ich in die Stadt und mache mir ein kleines Geschenk: ein Buch, ein ätherisches Öl oder so*« (♀, 40 Jahre). In der Agrargesellschaft wurde in bestimmten Monaten gesät, in anderen geerntet. In der islamischen Welt spielt der Monatszyklus bis heute eine bedeutende Rolle, weil sich dort die Zeit und das Gesellschaftsleben am Mond orientieren. Vielleicht unterschätze ich aber die Bedeutung von Monatsritualen in unserer Kultur und lade Sie darum ein, Ihren Ist- und Wunsch-Zustand bezüglich Monatsritualen zu notieren.

Ritual	heute allein	heute gemeinsam	in 1 Jahr allein	in 1 Jahr gemeinsam

➤ *Wie weit erlebe ich meine praktizierten Monatsrituale als Halt im Sinne von Stützen und Orientierung?*

➤ *Welche der praktizierten Monatsrituale will ich verändern oder gar abschaffen?*

➤ *Welche Schritte unternehme ich, um Wunschrituale im Monatsrhythmus neu einzuüben?*

➤ *Welche monatlichen Rituale fehlen mir im Privatbereich, am Arbeitsplatz oder im öffentlichen Leben?*

10. Alle Jahre wieder: weltliche Jahresrituale

Das Abendland richtet sich weitgehend nach dem Sonnenkalender. Entsprechend orientieren sich die meisten religiösen und weltlichen Rituale nach dem Jahreszyklus. Gerade weil es sehr viele Jahresrituale gibt, möchte ich in diesem Kapitel ausschließlich die weltlichen Jahresrituale thematisieren. Ich lade Sie ein, Ihren Ist- und Wunsch-Zustand bezüglich der nicht-religiösen Jahresrituale zu notieren.

Ritual	heute allein	heute gemeinsam	in 1 Jahr allein	in 1 Jahr gemeinsam

➤ *Wie weit erlebe ich meine jährlichen weltlichen Rituale als bewusste Zäsuren zum Anhalten und Innehalten?*
➤ *Wie weit erlebe ich die praktizierten Jahresrituale als Halt im Sinn von Stütze und Orientierung?*

➤ *Wie weit bilden meine Jahresrituale Halt im Sinn von Haltung und innerer Ausrichtung?*

➤ *Welche notierten Jahresrituale will ich mehr fördern?*

➤ *Welche Jahresrituale will ich ändern oder abschaffen?*

➤ *Welche Schritte leite ich ein, um meine Wunschrituale für die Zukunft neu einzuüben? Welchen Platz erhalten sie in meiner Jahresagenda?*

Der Zauber des Anfangs: Neujahr

Der kalendarische Jahreswechsel stellt eine Zäsur dar, die zur persönlichen oder institutionellen Standortbestimmung einlädt. Als 1582 der Gregorianische Kalender eingeführt wurde, setzte sich der 1. Januar als Jahresbeginn durch. Der Jahreswechsel wird unterschiedlich gerne und bewusst gestaltet: *»Ich räume jeden Tag meine Siebensachen auf. Zum Jahreswechsel nehme ich es aber besonders genau. Ich möchte keine Altlasten aus dem alten Jahr ins neue Jahr mitnehmen. Ich putze die Wohnung, vernichte den alten Dreck und starte neu in ein makelloses Jahr«* (♀, 42 Jahre). *»Ich gestalte keine Rituale, die nicht ernst gemeint sind. Zum Jahresende fassen viele Menschen hehre Vorsätze und setzen sie dann nicht um. Dennoch wiederholen sie dieses Ritual jedes Jahr wieder«* (♂, 50 Jahre). *»Ich mag Silvester nicht besonders, weil dann alles lustig sein muss. Gerne würde ich diesen Abend besinnlich feiern«* (♀, 44 Jahre). *»Am Arbeitsplatz wünschen sich alle ›ein gutes neues Jahr‹. Dies empfinde ich als leere Floskel«* (♀, 33 Jahre).

Seit einigen Jahren erteile ich in den ersten Januartagen sowie zu Beginn des akademischen Jahres im Sommer Standortseminare. Das sind auch für mich selbst immer willkommene Gelegenheiten, um Veränderungsprozesse wahrzunehmen und sie manchmal bewusst mit einem Ritual zu verbinden.

> *Welche Rituale verbinde ich mit dem Jahresübergang?*
> *Wie weit gibt mir der Jahresübergang Halt im Sinn einer Zäsur, eines bewussten Blicks zurück und nach vorn?*
> *Welche Rituale am Jahresübergang geben mir Halt im Sinn von Stütze, Sicherheit und Geborgenheit?*
> *Welche praktizierten Rituale am Jahresübergang möchte ich ändern oder abschaffen?*
> *Welche Rituale am Jahresübergang möchte ich bewusst neu einführen?*
> *Welche Rituale fehlen mir am Jahresübergang im Privatbereich, am Arbeitsplatz oder im öffentlichen Leben?*

Happy Birthday to you!

Der Geburtstag hat bis heute nicht bei allen Menschen und in allen Kulturen die gleich tiefe Bedeutung. Der Philosoph Alain de Botton nannte den Geburtstag einmal »eine absurde Referenz der eigenen Entstehung«. Das Feiern des Geburtstags galt im Christentum lange Zeit als heidnischer Brauch. Die Kirchenlehrer Ambrosius und Origenes bezeichneten ihn als Beginn der Erbsünde und den Todestag als »himmlischen« Geburtstag. Darum sollte man den Namenstag bzw. den Todestag des Namenspatrons feiern und nicht den Geburtstag. In Klöstern wird bis heute der Namenstag der Nonnen und Mönche mehr gefeiert als der Geburtstag. Die meisten Zeitgenossen feiern ihren Geburtstag jedoch mit verschiedenen Ritualen: *»Meistens mache ich am Geburtstag eine Einladung und bekoche Freunde«* (♀, 36 Jahre). *»An meine Mutter, Schwestern, Patenkinder, Neffen und Freunde schreibe ich die Glückwunschkarten stets von Hand. Enttäuscht bin ich, wenn ich Glückwünsche per SMS oder E-Mail erhalte, obwohl die Wünsche sicher liebevoll und ehrlich gemeint sind«* (♀, 38 Jahre). *»Frühmorgens gehe ich für das jeweilige Geburtstagskind frische*

Wiesenblumen pflücken. Dann bereite ich einen Geburtstagstisch mit den Blumen sowie Kerzen, Karten, Geschenken, Kuchen und Frühstück. Ist das Geburtstagskind wach, singen wir ein Ständchen« (♀, 40 Jahre).

So wie Einzelne ihren Geburtstag feiern, begehen auch Firmen, Stiftungen und Staaten ihre Jubiläen. Die meisten Geburtstage und Jubiläen halte ich für verpasste Chancen, weil die existenziellen Veränderungsprozesse der Personen und Institutionen an diesen Feiern kaum je thematisiert werden. Dass jeder 50., 65., 75. oder 90. Geburtstag nicht nur Grund zum Danken und Trinken ist, sondern auch mit Krisen und massiven Veränderungen, Auf- und Umbrüchen verbunden ist, wird leider nur sehr selten thematisiert und inszeniert.

➤ *Welche Geburtstagsrituale kenne und pflege ich?*
➤ *Welche Geburtstagsrituale finde ich besonders schön und lebendig, hilfreich und Halt gebend?*
➤ *Welche praktizierten Rituale am Geburtstag möchte ich ändern oder abschaffen?*
➤ *Welche Rituale fehlen mir am Geburtstag im Privatbereich, am Arbeitsplatz oder im öffentlichen Leben?*

Ab ans Meer! Reise- und Ferien-Rituale

Ferien und Reisen sind »rites de passage« im wörtlichen Sinn. Zur Zeit von Odysseus, Abraham und Moses waren Reisen große Abenteuer, vor deren Antritt die Zelte abgebrochen wurden. Der Abschied wurde im Bewusstsein gestaltet, einander vielleicht nicht mehr wiederzusehen. Diese Angst spüren Kinder und Menschen mit einer geistigen Behinderung oft heute noch. Darum braucht es in bestimmten Situationen Zeichen und Rituale, die klar ausdrücken, dass der Abschied kein Ende bedeutet. In Abschiedsgeschenken geben wir etwas von uns selbst mit und sind selbst darin ein Stück präsent. Wenn Heimkinder übers Wochenende zu ihren Eltern fahren oder von den Eltern wieder ins Heim, können Rituale hilfreich sein. Und auch wenn Eltern länger wegfahren.

Die heutige Gefahr von Reisen und längeren Abwesenheiten besteht eher darin, dass wir durch die permanente Erreichbarkeit via Mobiltelefon, Skype und E-Mail gar nie wirklich abwesend sind. Folglich verlieren Abschiedsrituale an Bedeutung und die Angliederung am Ferien-, Aufenthalts- oder Studienort wird erschwert bis verunmöglicht. Leider existiert heute auch das Ferien- und Reise-Ritual am Zoll nicht mehr, das für uns Hobby-Schmuggler der spannendste Teil des Urlaubs war. Und im Zeitalter von iPhones und MMS werden leider auch immer weniger Postkarten aus den Ferien geschrieben. Bleibt zu hoffen, dass Ferien zumindest ihre Funktion als Kompensationsritual für unseren Alltagsstress noch erfüllen.

➤ *Welche Ferienrituale finde ich besonders schön, hilfreich oder Halt gebend – beim Abschied, in den Ferien selbst und bei der Rückkehr?*

➤ *Wie weit fördern Reisen und Ferien meinen Halt im Sinn einer inneren Haltung und Ausrichtung?*

➤ *Welche Ferienrituale möchte ich bewusst neu einführen?*

➤ *Welche Reise- und Ferienrituale fehlen mir im Privatbereich oder im beruflichen Umfeld?*

Mamma mia

Der Muttertag stellt in Familien mit einer traditionellen Rollenverteilung eine Art Kompensationsritual dar. Die Anerkennung, die der Mann und Vater am Arbeitsplatz von Vorgesetzten und Kolleginnen bekommt, erhält die Mutter zumindest einmal jährlich garantiert von den Kindern und deren Vater: »*Am Muttertag rufe ich meine Mutter an und danke ihr für das geschenkte Leben und alles, was sie für mich getan hat*« (♀, 42 Jahre). »*Am Muttertag erhalte ich von meinem Mann Blumen und werde von ihm zum Essen eingeladen*« (♀, 43 Jahre).

Karneval, ein Umkehr-Ritual?

Der Karneval (»carne vale« = Fleisch ade!) beziehungsweise die Fast-nacht bildete früher ein Ausgleichsritual zur folgenden Fastenzeit, wo Katholiken 40 Tage lang auf gewisse Nahrungsmittel verzichteten. In weltlicher Hinsicht war der Fasching ein soziales Umkehr-Ritual. In einer 5000 Jahre alten babylonischen Inschrift ist zu lesen: »*Kein Getreide wird in den sieben Tagen nach Neujahr gemahlen. Die Sklavin ist der Herrin gleichgestellt und der Sklave an seines Herrn Seite.*« Seither wird in vielen Kulturen einmal jährlich das soziale Gleichheitsprinzip bei ausgelassenen Festen mit Verkleidung praktiziert. Bei den Römern gab es öffentliche Gelage, wo Sklaven und Herren zeitweise die Rollen tauschten, miteinander aßen und tranken, ungeschützt reden konnten und sich mit kleinen Rosen überschütteten, die wir heute durch Konfetti ersetzt haben. Wenn wir die Verkleideten und Maskierten heute betrachten, kann man kaum mehr von einem Umkehr-Ritual sprechen. Die ernannten Prinzen der Fastnachtszünfte sind in der Regel jene, die sich das Jahr über im Rotary-Club engagieren. Das einzige Umkehrritual besteht darin, dass sich auffallend viele Männer als Frauen verkleiden, was wohl auf die schwache Entwicklung ihrer weiblichen Seite im Alltag schließen lässt.

Neben dem Karneval verkleiden sich Ende Oktober immer mehr Menschen an Halloween, obwohl nur die wenigsten den religiösen und kulturellen Hintergrund dieses irisch-amerikanisierten Import-Events kennen. Auch der Weihnachtsmann, der in der Marketing-Abteilung von Coca-Cola entstand, ist heute manchen Kindern bekannter als der heilige Nikolaus.

Individuelle Jahresrituale

»Mit meinen Nachbarn entfache ich jeweils ein Winter- und Sommer-Sonnenwendfeuer im Innenhof des Hauses« (♀, 49 Jahre). Speziell in Frauenkreisen sind die aus dem Schamanismus stammenden Sonnenwende-Rituale beliebt. Das bewusste Loslassen von Vergangenem und das Sich-einlassen auf Neues mit Blick auf die Stellung der Sonne macht Sinn, gerade wenn Rituale der kirchlichen Tradition an Bedeutung verlieren. Daneben gibt es noch viele weitere Rituale, die wir individuell im Zyklus eines Jahres gestalten können. Persönlich genieße ich vor allem die Konzertabende im August, wo ich am Lucerne Festival jeweils vier Karten zu den Konzerten besorge und dann meinen Freunden eine Rundmail schreibe und frage, wer Lust hat mitzukommen. So ergeben sich jeweils wunderschöne Abende in verschiedenen Kompositionen von Freunden. Auch die Rituale von Bekannten finde ich sinnvoll: *»Jedes Jahr unternehme ich mit meinen zwei Geschwistern einen gemeinsamen dreitägigen Ausflug ohne unsere Ehepartner und Kinder«* (♀, 43 Jahre). *»Im Jahreszyklus mag ich verschiedene soziale Aktivitäten im Freundeskreis: das Plausch-Kegeln am 26. Dezember, das erste Käse-Fondue im Winter, den ersten Abend mit einheimischen Spargeln im Mai sowie ein Käse-Raclette im Sommer am offenen Feuer«* (♀, 45 Jahre).

Die Anzahl und Auswahl der arbeitsfreien Feiertage werden unsere Parlamente in den kommenden 20 Jahren noch oft beschäftigen. Erstens verlangen Wirtschaftsverbände immer mehr und längere Arbeits- und Ladenöffnungszeiten. Zweitens wünschen nicht-christliche Religionen die Einführung weiterer religiöser Feiertage in der multikulturellen Gesellschaft. Und drittens fordern Religionslose die Abschaffung sämtlicher religiöser Feiertage im religionsneutralen Staat. Statt in lokalen und nationalen Parlamenten immer wieder an einzelnen Feiertagen herumzuschrauben, wäre es sinnvoller, das Thema Feiertage grundsätzlich anzugehen. Eine Lösung könnte die sein, allen Arbeitnehmern wie älteren Schülern jährlich zehn Joker-Tage zu gewähren, an denen sie selbstverantwortlich frei nehmen. Oder die Regierungen könnten sich jeweils während zehn Jahren auf zehn jährliche arbeitsfreie Feiertage einigen, die den Bewohnern plausibel erscheinen. Das könnten Daten sein wie der Tag der Frau (8. März), der Tag der Arbeit (1. Mai), der UNO-Flüchtlingstag (20. Juni), der Tag für die Beseitigung der Armut (17. Oktober), der UNO-Menschenrechtstag (10. Dezember) oder auch der Welttag des Wassers (22. März), der Welttag des Buches (23. April), der Tag der Senioren (1. Oktober), der Tag der Toleranz (16. November) oder wie in Frankreich der Großmuttertag (erster Sonntag im März), das Fest der Natur (fünf Tage im Mai), der Tag des Nachbarn (letzter Freitag im Mai), der Vatertag (dritter Sonntag im Juni), der Tag der Musik (21. Juni), das Fest der Gastronomie (23. September) und das Weekend des Familiensports (Ende September). Gerade für Lehrpersonen an multikulturellen Schulen gäbe es an solchen Tagen zahllose Möglichkeiten zur Gestaltung sinnvoller und origineller neuer Rituale.

Am Ende dieses Kapitels können Sie nochmals zum Diagramm am Anfang des Kapitels zurückkehren.

➤ *Wie weit finde ich Rituale wie Muttertag, Karneval, Sommerwenden oder nationale Feiertage stimmig?*
➤ *Welche bestehenden Rituale möchte ich ändern?*
➤ *Welche Rituale fehlen in Bezug aufs Elternsein und auf die Kinder-Erziehung, auf Umkehr der sozialen Verhältnisse und auf den Wechsel der Jahreszeiten – im Privatbereich, am Arbeitsplatz und im öffentlichen Leben?*
➤ *Welche Jahres-Rituale, die ich im Diagramm zu Beginn des Kapitels notiert habe, möchte ich ändern?*
➤ *Welche Schritte plane ich konkret, um neue Jahresrituale, die ich im Diagramm als Zukunftswunsch notiert oder im Verlauf des Kapitels entdeckt habe, einzuführen?*

11. »Stille Nacht« forever: religiöse Jahresrituale

Zunächst sind Sie eingeladen, Ihren Ist- und Wunsch-Zustand bezüglich religiös geprägter Jahresrituale zu notieren.

Ritual	heute allein	heute gemeinsam	in 1 Jahr allein	in 1 Jahr gemeinsam

> *Wie weit erlebe ich jährliche religiöse Rituale als bewusste Zäsuren zum Anhalten und Innehalten?*
> *Wie weit erlebe ich religiöse Jahresrituale als Halt im Sinn von Stütze oder innerer Haltung?*
> *Wie will ich gewisse notierte Jahresrituale fördern?*
> *Welche der notierten Jahresrituale will ich verändern oder abschaffen? Und warum?*
> *Welche Schritte leite ich ein, um meine Wunschrituale für die Zukunft neu einzuüben? Welchen Platz erhalten sie in meiner Jahresagenda?*

Religiöse Feiertage und Festzeiten sind im Lauf der Jahrhunderte entstanden und zeigen deutlich, wie der tiefere Sinngehalt der Feste je nach Kultur mit sehr verschiedenen kulturellen Formen inszeniert wird. Ein Marienfest in Schweden, Sizilien, Polen oder Buenos Aires sieht sehr verschieden aus. In Westeuropa sind durch die Zunahme an Muslimen und die Ausdünnung der christlichen Kirchen manche traditionalistische Politiker bemüht, christlich geprägte Symbole und Rituale als Kulturerbe in Gesetzen und Verfassungen zu schützen. Dadurch machen sie das Christentum zum musealen Versatzstück.

Leben im Lichtermeer: Advent

»Ich backe mit den Kindern Kekse, wir zünden abends jeweils die Kerzen am Adventskranz an und ich dekoriere die Wohnung weihnachtlich« (♀, 43 Jahre). *»Ein bis zwei Mal gehen mein Mann und ich im Advent in eine frühmorgendliche Rorate-Feier in einer Kirche. Der Kerzenschein und die Rituale wecken bei mir schöne Kindheitserinnerungen. Und hinterher genießen wir das Frühstück in einem gemütlichen Café«* (♀, 38 Jahre). *»Ich gestalte den Adventskranz selbst. Im Advent gehe ich auch öfters in eine*

Kirche und zünde dort Kerzen an« (♀, 33 Jahre). Weil der Advent mit dem Ausklingen des kalendarischen Jahres zusammen hängt, eignet er sich gut zur persönlichen, familiären und institutionellen Standortbestimmung. Ein Ritual, das sich in den letzten Jahren inflationär verbreitet, sind die familiären Newsletter.

➤ *Welche Adventsrituale finde ich besonders schön und hilfreich und Halt gebend?*
➤ *Welche Adventsrituale fehlen meiner Meinung nach in meinem Privatleben, am Arbeitsplatz oder im öffentlichen Leben?*

Weihnachtslust – Weihnachtsfrust

Weihnachten wurde in den ersten vier Jahrhunderten überhaupt nicht gefeiert. Darum sollte es auch kein Tabu sein, heute offen über Sinn und Unsinn weihnachtlicher Rituale nachzudenken. Gerade weil das Weihnachtsfest mit starken Emotionen, Erwartungen und Erinnerungen verbunden ist und weil sich kulturelle und soziale, religiöse und familiäre Veränderungen speziell an diesem Fest offenbaren, ist das Verhältnis zu diesem Fest bei vielen zwiespältig: *»Die sentimentale Verkitschung und totale Kommerzialisierung von Weihnachten in den Kaufhäusern stößt mich ab«* (♀, 41 Jahre). *»Weihnachten ist für mich ein schönes Familienfest, wo wir zusammen essen, uns beschenken und miteinander diskutieren«* (♂, 49 Jahre). *»Weihnachten feiern wir mit den Kindern, Schwiegertöchtern und Schwiegersöhnen ohne spirituellen oder kirchlichen Gehalt. Früher widmete ich mich als Hotelier gerne den alleinstehenden Gästen am Tisch«* (♂, 72 Jahre). *»An Heiligabend lesen wir das Lukasevangelium, singen Weihnachtslieder und erzählen uns Weihnachtsgeschichten. Dann gestalten wir die Bescherung und kochen ein feines Fischgericht. Das ist definitiv das schönste Ritual* *im Jahr«* (♀, 40 Jahre). *»In den Wochen vor Weihnachten schreibe ich immer ein Weihnachtsgedicht.* So kann und muss ich mich immer wieder neu fragen, was mir dieses Fest der Feste bedeutet« (♂, 49 Jahre). *»Ich habe keine Lust, jedes Jahr einen Christbaum aufzustellen. Ich tue es einzig für meine Kinder und weil ich ja eine gute Mutter sein will«* (♀, 41 Jahre). *»An Weihnachten erscheint es mir relevant, ob Kinder da sind oder nicht. Ich empfinde es wichtig, dass wir den Kindern Rituale mitgeben. Rituale sind Träger einer Kultur. Sie erinnern uns an unsere religiöse und kulturelle Herkunft«* (♀, 36 Jahre).

➤ *Welche Weihnachtsrituale erlebe ich als besonders schön und lebendig, hilfreich und Halt gebend?*
➤ *Welche Rituale möchte ich ändern oder abschaffen?*
➤ *Welche Weihnachtsrituale fehlen meiner Meinung nach in meinem Privatleben, am Arbeitsplatz oder im öffentlichen Leben?*

Wenn weniger mehr ist: Fasten und Fastenzeit

Religionen zeichnen sich auch durch spezielle Speise- und Fastenrituale aus. Die 40-tägige Fastenzeit vor Ostern orientiert sich seit dem 6. Jahrhundert am Fasten Jesu in der Wüste. Das Fasten als bewusster, freiwilliger und zeitlich begrenzter Verzicht auf wertvolle und angemessene Nahrung um eines geistig-geistlichen Zieles willen wurde in den Religionen immer mehr reglementiert und verlor seinen tieferen Sinn. Seit zwanzig Jahren ist das Heilfasten aus gesundheitlichen und spirituellen Gründen außerhalb der Kirchen wieder populär geworden. Durch den Verzicht auf Nahrung von außen achtet man mehr darauf, was einen von innen her nährt. Das Fasten sensibilisiert zudem für den eigenen und den gesellschaftlichen Umgang mit Nahrungsmitteln.

➤ *Welche Fasten- oder Fastenzeit-Rituale finde ich besonders*
schön und lebendig, hilfreich und Halt gebend?
➤ *Welche Fastenzeit-Rituale finde ich nicht stimmig und will sie*
deshalb ändern oder abschaffen?
➤ *Welche Fastenzeit-Rituale fehlen meiner Meinung nach?*

Ostern ist mehr als Eier und Hasen

Die Kar- und Ostertage sind aus der Perspektive von Ritualen und ihren drei Phasen besonders spannend. Krise, Brachland und Öffnung auf Neues können an der Dynamik von
Karfreitag (Kreuzigung Jesu), Karsamstag (Grabesruhe) und
Ostersonntag (Auferstehung Christi) einzigartig thematisiert
und inszeniert werden. Darum müssen die Osterliturgien
nicht zwingend zu katechetischen Nachhilfestunden werden,
in denen Rituale vom Abendmahl bis zur Auferstehung oft
zerredet werden.

➤ *Welche Bedeutung haben für mich die österlichen Rituale? Wel-*
che finde ich besonders schön und Halt gebend?
➤ *Welche Rituale möchte ich ändern oder abschaffen?*
➤ *Welche Rituale fehlen meiner Meinung nach?*

Nikolaus, Blasius & Co.

Je nach Land, Region und Familie sind im Jahreszyklus
noch weitere religiöse Feiertage und Rituale wichtig: *»Ich*
liebte als Kind das Fest der Drei Könige am 6. Januar. In der
Familie zog beim Frühstück jeder ein Brötchen aus dem Brot-
kranz. Wer den kleinen König aus Plastik in seinem Brötchen
entdeckte, war für den Rest des Tages die Königin oder der
König und durfte allen anderen Familienmitgliedern Befehle
erteilen« (♀, 42 Jahre). Am 3. Februar erhielten wir in der

Kirche den Blasiussegen. Und am 6. Dezember las mir der Nikolaus die Leviten.

➤ *Welche religiösen Jahres-Rituale, die ich im Diagramm zu Beginn des Kapitels notiert habe, möchte ich ändern?*
➤ *Welche Schritte plane ich konkret, um neue Jahresrituale, die ich im Diagramm als Zukunftswunsch notiert oder im Verlauf des Kapitels entdeckt habe, einzuüben?*

IV. Schwellenrituale: Wendepunkte gestalten

Unsere Biografie ist voll von existenziell einschneidenden und teils dramatischen Veränderungsprozessen, für die wir wenig oder gar keine Sprache haben, geschweige denn rituelle Handlungen – sogenannte Schwellenrituale.

Im Diagramm haben Sie die Möglichkeit, Ihre erlebten oder künftigen Lebensübergänge und Schwellenrituale zu notieren und jeweils die entsprechende Spalte anzukreuzen.

Erlebte Lebensübergänge und Veränderungsprozesse	war mit Ritual verbunden	fand ohne Ritual statt
Bevorstehende Lebenswende und Veränderungsprozesse	will ich mit Ritual verbinden	will ich ohne Ritual erleben

Vielleicht waren diese Zeilen nicht ausreichend für Ihre bisherigen und künftigen Lebensübergänge und Schwellenrituale. In Ihrem persönlichen Notizheft können Sie beliebig viele Zeilen ergänzen.

Die noch bevorstehenden Schwellenrituale sind je nach Lebensalter mehr oder weniger zahlreich: »*Ich denke an mehrere Wechsel im Beruf, Umziehen, Reisen, Hochzeit, vielleicht mal eine Schwangerschaft, das Sterben von Mitmenschen und ans Älterwerden*« (♀, 36 Jahre). »*Bei mir steht nächstens die Scheidung an, der 50. Geburtstag und bald auch einmal die Beendigung meiner Arbeitstätigkeit*« (♂, 49 Jahre). »*Meine Tochter wird bald Frau und mein Sohn ein Mann*« (♀, 42 Jahre). »*Im Moment kann ich nur die Pensionierung abschätzen*« (♀, 46 Jahre). »*Runde Geburtstage stehen an: 50, dann 60 ... vielleicht auch mal ein besonderes Berührtwerden in der Meditation. Und eines Tages mein eigenes Sterben*« (♀, 49 Jahre). »*Der Abschied von meinen Eltern steht wohl bald einmal an. Die Schwierigkeit beim Finden von Ritualen sehe ich in der zu erwartenden Uneinigkeit der Angehörigen*« (♀, 39 Jahre). »*Bald werde ich erstmals Großvater. Über diese Rolle und die Erwartungen mache ich mir oft Gedanken*« (♂, 56 Jahre).

➤ *Ich betrachte nochmals das Diagramm. Wie habe ich die erlebten existenziellen Veränderungen erfahren – die mit und die ohne Rituale?*

➤ *Wie weit habe ich Lebenswende-Rituale als bewusste Zäsuren zum Innehalten und als Halt gebend erlebt?*

➤ *Welche bisherigen Schwellenrituale fand ich nicht stimmig und würde sie anders oder nicht mehr gestalten?*

➤ *Bei welchem einschneidenden Bruch oder Übergang in meinem Leben, der mit keinem Ritual verbunden war, möchte ich eines nachholen?*

➤ *Wie möchte ich anstehende Schwellen im Leben rituell gestalten, um die Veränderung zu thematisieren?*

➤ *Warum will ich bestimmte anstehende Lebensübergänge bewusst nicht rituell gestalten?*

➤ *Bei welchen einschneidenden Lebensübergängen fehlen meiner Meinung nach Schwellenrituale – im Privatbereich, in der Arbeitswelt oder im öffentlichen Leben?*

Bei einigen existenziell einschneidenden Lebensübergängen haben die Kirchen keine Rituale in ihrem Repertoire. Bei den einen dürfen sie keine anbieten, weil beispielsweise in der katholischen Kirche die Wiederverheiratung oder die gleichgeschlechtliche Partnerschaft gegen ihre Doktrin sind. Und bei den anderen Lebensübergängen konnten die Kirchen keine Rituale entwickeln, weil es die Veränderungsprozesse früher nicht gab.

Früher lebten viele Leute von der Wiege bis zur Bahre im gleichen Haus. Heute ziehen wir fünf bis zehn Mal um. Wohnortwechsel sind nicht nur eine administrative und logistische Angelegenheit, sondern bedeuten Abbruch und Aufbau von Beziehungen zu Menschen und Orten: *»Beim Wegzug aus meiner ersten eigenen Wohnung habe ich diese ausgeräuchert«* (♀, 42 Jahre). *»Um mir den Übergang jeweils zu erleichtern, bringe ich schon am Vortag etwas, an dem ich besonders hänge, in die neue, noch leere Wohnung. Und am Tag nach dem Umzug lade ich Freunde in der alten Wohnung zum Essen ein und gehe zur Nachspeise mit ihnen in die neue Wohnung«* (♀, 44 Jahre).

Im Verlauf unserer Biografie ändern wir heute – freiwillig oder unfreiwillig – auch mehrmals unsere Arbeitsstelle, manchmal sogar die Berufsgattung. Dies löst jeweils tiefe Gefühle aus, die in Ritualen thematisiert und aufgefangen werden können: *»Nach über 10 Jahren hatte ich die Bankenwelt verlassen – dabei hat mir ein Coach die richtigen Fragen gestellt, damit ich mit mir und meinen Bedürfnissen zielführend arbeiten konnte«* (♀, 46 Jahre). Manchmal können sich Stellenlose für keine neue Stelle entscheiden, weil sie der vergangenen Stelle noch stark nachtrauern oder tief verletzt sind durch die Kündigung. Je nach Emotionen ist es beim Ritual stimmig, den früheren Arbeitsvertrag zu verbrennen oder ihn einzurahmen.

➤ *Ich kann nochmals zum Diagramm und zu den Fragen weiter oben gehen. Hat sich etwas geändert?*

12. Schwangerschaft, Geburt und Taufe

Mit der Schwangerschaft und Geburt des ersten Kindes geschieht in Partnerschaften ein dramatischer und meist unterschätzter Veränderungsprozess. Das Paar mutiert vom Duo zum Trio, von der reinen Paarbeziehung zur Familie. Mit dem ersten Kind kommt nicht einfach ein weiteres Mitglied in eine Gruppe, sondern die Liebesbeziehung, die Rollen und Aufgaben der beiden Partner verändern sich völlig. Theoretisch ist das den beiden zwar in der Regel klar, doch in der Praxis fühlen sie sich komplett überrascht. Die jungen Mütter verlieren häufig das Interesse an der partnerschaftlichen Sexualität. Und die Männer stillen ihr Bedürfnis dann vielleicht anderswo.

Weil Schwangerschaft und Geburt mit tiefen existenziellen Veränderungsprozessen verbunden sind, vermissen viele Frauen Rituale, die diese dramatische Schwelle erleichtern könnten: »*Nach der Geburt der Kinder habe ich jeweils Besuche und Geschenke erhalten, aber während der Geburt gab es kein Ritual. Das hätte mir bestimmt Sicherheit geben können*« (♀, 42 Jahre). »*Es bräuchte Rituale, wo ältere Frauen den jüngeren von ihren Erfahrungen berichten und Hilfestellungen anbieten. Eine Art geistige Hebammen, die in Frankreich ›sage-femme‹ (weise Frau) heißen. Nach der Geburt des ersten Kindes hat mein Mann bei Vollmond ein Räucherritual gestaltet. Wir haben die frühere Phase als Nur-Paar verabschiedet und uns für die neue Rolle als Eltern geöffnet«* (♀, 33 Jahre).

Taufen oder segnen?

Bei den Juden existierte zur Zeit Jesu ausschließlich die Erwachsenentaufe als Ritual der bewussten inneren Umkehr zu Gott. Diese Tradition übernahmen die ersten Christengemeinden. Im Verlauf der Jahrhunderte wuchs in der christlichen Kirche allerdings das Bedürfnis, ihre Mitglieder von Geburt an schrittweise kirchlich zu sozialisieren. So wurde die Taufe gleich bei der Geburt angesetzt. Hinzu kam, dass die katholische Kirche bis 1870 lehrte, dass es außerhalb von ihr kein Heil gäbe und Ungetaufte höchstens bis in den Vorhimmel, den sogenannten Limbus, gelangten. Darum durften gefährdete Kinder sogar im Mutterleib – mit einer Art von Weihwasserklistier – getauft werden. Heute wünschen immer mehr junge Eltern nicht mehr die Taufe als Initiationsritus in die Kirche, sondern eine Segensfeier im familiären Rahmen. Das Kind soll später mal selbst über die religiöse Zugehörigkeit entscheiden.

In Segensfeiern kann man verschiedene existenzielle Veränderungsprozesse thematisieren und inszenieren: die veränderte Rolle der Eltern, die Abnabelung von der Mutter, die neuen Rollen von den älteren Geschwistern, Großeltern und Paten sowie den Empfang des Vornamens. Traditionelle Symbole und Gesten wie das Segnen mit Wasser, das Streichen von Salz auf die Lippen des Kindes, die Salbung mit Öl, das Anziehen des weißen Gewandes und das Anzünden einer Kerze kann man, aber muss man nicht zwingend integrieren. Manche Eltern mögen heute das Ritual, für das Kind einen Baum zu pflanzen und die Plazenta an der Wurzel beizusetzen. Je nach Gemeinde lässt sich auch eine sakramentale Taufe, die die Initiation in eine Kirche bedeutet, mit persönlichen Elementen gestalten, selbst wenn vielleicht mehrere Kinder gleichzeitig getauft werden. Ein Gespräch mit den Seelsorgern vor Ort kann offene Fragen, Unsicherheiten und Wünsche klären.

➤ *Welche Rituale rund um Geburt und Taufe erlebe ich als schön und stimmig, hilfreich und Halt gebend?*
➤ *Welche Rituale rund um die Geburt finde ich störend?*
➤ *Welche Rituale fehlen meiner Meinung nach rund um die Geburt eines Kindes – in Familie, Verwandtschaft und Gesellschaft?*

13. Die Kunst, erwachsen zu werden

Die Loslösung von den Eltern geschieht in vielen kleinen Etappen und nimmt seinen Anfang bereits mit der Geburt. Andere markante Momente und Phasen sind der erste Schultag, die Taufe bei den Pfadfindern, die Erstkommunion und die Firmung oder Konfirmation. Ein wichtiges Übergangsritual zur Identitätsfindung bilden die pubertären Abgrenzungsrituale. Dass Abgrenzungsrituale oft sehr radikal erfolgen, bewirkt ausgerechnet die Elterngeneration, wenn sie sich wie Jugendliche kleidet, tätowiert und auf Snow- und Kickboards bewegt.

In manchen Kulturen ist bis heute klar, wann ein Kind erwachsen wird: beim Mitgang auf die Jagd, bei der Geschlechtsreife oder mit dem ersten Monatslohn. In unserer individualistischen Zivilisation gibt es nicht mehr »den« großen und eindeutigen Übergang ins Erwachsenenleben. Die Gleichaltrigen befinden sich in verschiedenen Lebenssituationen und Entwicklungsstadien. Einige gehen früh in die Welt hinaus und übernehmen Verantwortung, andere leben mit 30 Jahren noch im »Hotel Mama« und haben sich im psycho-sozialen Moratorium des Studiums eingerichtet.

Für die meisten jungen Erwachsenen bildet das Ende der Ausbildung den Wendepunkt zum Erwachsensein: *»Der Schulabschluss war ein extrem wichtiger Punkt in meinem Leben. Er bedeutete für mich den Übergang in ein selbstbestimmtes Leben. Von nun an konnte ich entscheiden, womit ich mich beschäftigen und was ich lernen möchte. Das Ende der Schulzeit bedeutete für mich das Ende einer Tyrannei«* (♀, 40 Jahre). Leider ist auch dieser Augenblick nicht immer mit einem Ritual verbunden. Und da, wo Rituale gefeiert werden, inszenieren diese in der Regel einzig die Ablösungs-Phase mit dem ausgehändigten Diplom und verdrängen die Phase der Orientierungslosigkeit und des Rollenverlusts, die nach Ausbildungen oft folgt.

Mit dem Ende der Ausbildung erfolgt meistens auch der Einstieg in die Arbeitswelt. Der erste Monatslohn eignet sich gut als weitere Etappe der Ablösung von den Eltern und des Übergangs ins Erwachsensein. Heute sind es aber nur sehr wenige, die mit dem ersten Lohn ihre Eltern zum Essen ausführen und ihnen damit zeigen, dass sie endgültig auf eigenen Füßen stehen können. Auch der Auszug aus dem Elternhaus wird kaum je bewusst gestaltet, weil Eltern wie Kinder Mühe mit dem Loslassen haben. Die Folgen können fatal sein: *»Weil sich mein Ex-Mann nie wirklich von seinen Eltern abnabelte, war er eigentlich in erster Linie immer nur Sohn. Weder Examen noch die neue Arbeitsstelle, der Bezug unserer eigenen Wohnung oder sein Doktortitel haben ihn zu einem selbstständigen Mann gemacht. Die Abhängigkeit von seinen Eltern war so groß, dass es nicht möglich war, mit ihm etwas Eigenes aufzubauen«* (♀, 43 Jahre). Manche Eltern setzen beim Auszug ihrer Kinder zum Glück ein deutliches Zeichen, indem sie deren Zimmer umfunktionieren und für eigene Hobbys nutzen oder an Studierende vermieten.

➤ *Welche Rituale des Erwachsenwerdens und der Ablösung von den Eltern finde ich schön und stimmig, hilfreich und Halt gebend?*
➤ *Welche Rituale des Erwachsenwerdens und der Ablösung finde ich störend und wenig hilfreich?*
➤ *Welche Rituale des Frau- und Mann-Werdens fehlen meiner Meinung nach in Familien, am Arbeitsplatz oder im öffentlichen Leben?*

14. Verliebt, verlobt, verheiratet

Das Leben in Partnerschaft beinhaltet viele dynamische Prozesse und Phasen, Übergänge und Wendepunkte. Lebendige Beziehungen bedingen, dass die beiden Partner immer wieder neu Veränderungsprozesse bei sich selbst, beim anderen und untereinander zulassen, wahrnehmen und ansprechen. Im Bereich Beziehung und Partnerschaft sind auch zunehmend neue Rituale gefordert, die die heutigen oft dramatischen Veränderungsprozesse thematisieren und erleichtern können. Ich denke etwa an den Start einer neuen Patchwork-Familie, wo Kinder plötzlich neue Halb-Geschwister und neue Zweit-Mütter bekommen, was den einen zusätzlichen Halt schenkt und anderen den Boden unter den Füßen entziehen kann.

➤ *Welches sind meiner Meinung oder Erfahrung nach die markantesten Veränderungsprozesse innerhalb einer Partnerschaft?*
➤ *Welche Veränderungsprozesse in der Partnerschaft sind in der Regel mit einem Ritual verbunden, welche eher nicht oder ganz sicher nie?*

Das Kennen- und Liebenlernen ist wie das Balzverhalten in der Tierwelt spannend und dramatisch. An die Stelle von Kämpfen bei Enten und Löwen kommen sich menschliche Paare im heutigen Westen eher durch Flirten per SMS und E-Mails, in Strand-Discos und Fitness-Studios oder via Online-Paarvermittlung und Blind Dates näher. Das Zusammenzieh-Ritual nach einigen Monaten erfolgt leider oft ohne Rituale. Die Adressänderung und das Aussortieren der Möbel genügt den meisten Paaren.

➤ *Mit welchem Ritual haben wir das Zusammenziehen gestaltet? Wie stimmig habe ich das erlebt? Was bräuchte es für ein stimmiges Ritual?*

Willst du mich heiraten?

Der Schritt von der Partnerschaft zur Ehe ist und bleibt auch heute noch einschneidend. Den rechtlichen Vertrag betrachten die Paare nüchtern, aber die Ideal- und Wunschvorstellungen einer lebenslangen Liebesgemeinschaft mit all den dazu gehörigen Erwartungen an sich selbst und an das Gegenüber sind heute so hoch wie nie zuvor. Es muss einfach alles stimmen. »*Obwohl mein Mann und ich schon einige Jahre zusammen gelebt haben und bereits durch viel Dickes und noch mehr Dünnes gegangen sind, war die Hochzeit ein sehr wichtiges Ritual. Die endgültige Entscheidung füreinander aus tiefster Überzeugung und Zuneigung im Kreise unserer Liebsten und vor Gott hat unserer Beziehung eine ganz andere Qualität gegeben, die sich nur schwer beschreiben lässt*« (♀, 40 Jahre).

In einer Zeit der Gleichberechtigung der Geschlechter ist es an sich seltsam, dass viele Frauen noch immer auf das Ritual warten, bei dem er sie formell bittet, den Rest des Lebens Seite an Seite zu verbringen. Frau sollte sich nicht

100-prozentig auf diesen Brauch verlassen. Eine Freundin wartete jahrelang vergeblich auf diesen romantischen Moment und verließ ihren Partner, weil er einfach nicht merkte, dass sie sich nach diesem Moment sehnte. Wenn ein Mann mit einer Frau liiert ist, von der er weiß, dass sie einmal heiraten möchte, dann darf er den richtigen Zeitpunkt – den Kairos – nicht verpassen. Auch den Ort und die Art und Weise sollte er sich genau überlegen, um seiner Liebsten die Heirat anzutragen. Die künftige Gattin zu einem Helikopterflug einzuladen und dann auf einem Herz aus roten Rosen in einem Schneefeld zu landen, ist kitschig und protzig. Eine Plakatwand zu mieten am Arbeitsweg der Partnerin und die Frage in großen Lettern zu formulieren, ist schon origineller. Ein Inserat in der Zeitung oder Lieblingszeitschrift der Herzensdame beeindruckt ebenfalls. Ein romantisches Picknick zu veranstalten, wenn man sonst nie eines unternimmt, wirkt plump. Ein tolles Essen in ihrem Lieblingsrestaurant ist fantasielos. Vor einigen Jahren gestaltete ich die Hochzeit von Alina und Linard. Bei der Hochzeitsvorbereitung erzählten sie mir, dass Linard den wertvollen Verlobungsring tagelang heimlich im kleinen Rucksack mit sich am Karibikstrand rumschleppte und auf den richtigen Moment für den Heiratsantrag wartete. Er wagte kaum ins Wasser zu gehen und beobachtete ständig den Rucksack am Strand. Alina regte sich fürchterlich über seine spießigen Ängste um den Rucksack auf, in dem nach ihrer Meinung lediglich der Plastik-Hotelschlüssel, die Sonnencreme und Badetücher lagen. Moral der Geschichte: Liebe unverheiratete Dame, regen Sie sich nie darüber auf und provozieren Sie nie einen Streit, wenn Ihr Partner auf einen Rucksack, einen Beutel oder eine Jackentasche besonders fixiert ist und dabei sehr angestrengt und seltsam wirkt. Es könnte ein besonderes Schmuckstück für Sie darin liegen …

Mit der Verlobung stellt sich auch gleich die Frage nach dem nächsten traditionellen Ritual. Hält man heute beim Vater der Braut noch immer um die Hand seiner Tochter an oder ist dieses Ritual völlig antiquiert oder sogar ein Affront, weil sich die Tochter als fremdbestimmtes Objekt fühlen könnte? Vor drei Jahren traute ich eine Freundin mit ihrem Partner. Ihr Vater war schon Jahre zuvor gestorben. Als die Mutter erfuhr, dass die beiden heiraten, reagierte sie beinahe abweisend, was meine Bekannte traurig stimmte und die Beziehung zur Mutter belastete. Als ich die Mutter fragte, was denn los sei, berichtete sie mir ihre Enttäuschung darüber, dass der künftige Schwiegersohn sie nicht offiziell und stilvoll um die Hand ihrer Tochter gebeten habe. Später erzählte ich dies dem jungen Paar. Und nachdem der Bräutigam seine Unterlassung gut gemacht hatte, konnte die Hochzeit samt mütterlichem Segen in eitel Freude stattfinden. Ob man die künftigen Schwiegereltern offiziell um die Hand ihrer Tochter bittet oder nicht, ist heute wohl weniger wichtig als die Tatsache, dass die Eltern die Entscheidung zur Hochzeit nicht über drei Kanäle im Freundeskreis erfahren, sondern direkt von ihren Kindern. Am besten bei einem stilvollen Abendessen. Gerade wenn die Bindung eines Partners zu den Eltern sehr eng ist und die Eltern noch immer Mühe haben mit dem Loslassen des erwachsenen Kindes, bietet die feierliche Ankündigung der Hochzeit den idealen Ort, um den Eltern mit einem Geschenk den weiteren Schritt der Loslösung auszudrücken. Dieses Ritual kann auch in der Hochzeitsfeier selbst angesiedelt werden.

➤ *Wie habe ich den Heiratsantrag erlebt? Oder wie möchte ich diesen eines Tages rituell gestalten?*

➤ *Wie habe ich die Eltern über die geplante Hochzeit informiert? Oder wie möchte ich dies eines Tages tun?*

➢ *Welche Rituale rund um den Heiratsantrag finde ich besonders schön und hilfreich, welche eher störend?*
➢ *Welche Rituale rund um die Entscheidung zur Ehe fehlen meiner Meinung nach im Familien- und Freundeskreis, am Arbeitsplatz oder im öffentlichen Leben?*

Wie religiös darf's denn sein?

»Meine Hochzeit war ein außergewöhnliches Fest, leider ohne Rituale, mein Mann wollte das nicht« (♀, 41 Jahre). Rund die Hälfte der Paare wählt als Ort für das Hochzeitsritual eine Kirche. Von diesen Paaren hat wiederum die Hälfte einen echten religiösen Bezug. Wenn beide Partner christlich getauft und unverheiratet sind, gilt die Ehe in der katholischen Kirche als Sakrament, also als Zeichen, in dem Gott selbst erfahrbar wird. Paare, deren Ehe von der katholischen Kirche anerkannt sein soll, müssen sich von einem Priester oder Diakon trauen lassen. Bei vielen Paaren, die heute ein Hochzeitsritual gestalten wollen, spielt die Frage des Sakraments kaum mehr eine Rolle. Ihnen sind das Ja-Wort und der Ringtausch in Verbindung mit stimmigen Worten, Texten und Musikstücken wichtiger als die kirchenrechtliche Anerkennung. Der religiöse oder spirituelle Bezug ist selten bei beiden Partnern gleich ausgeprägt. Darum ist es in der Hochzeitsvorbereitung wichtig, dass die Rituale und die verwendete Sprache für beide Partner stimmig sind.

Ein Himmel voller Geigen – und Rituale

Hochzeiten kann man mit ganz vielen Ritualen aus unserer und aus fremden Kulturen und Religionen verbinden. Manche sind noch bekannt, andere vergessen, wieder andere erleben eine Renaissance. Nach römischer Tradition musste die

Ehefrau über die Schwelle *(super limen)* getragen werden. Eine Berührung der Schwelle oder gar ein Stolpern wäre als schlechtes Omen für die Ehe gewertet worden. Bei Serbisch-Orthodoxen küsst die Braut die Schwelle und opfert einige Kupfermünzen, die dem gehören, der sie aufhebt. Auch wenn Brautpaare vor der Hochzeit jahrelang Tisch und Bett teilen, wollen Bräute heute wieder vermehrt, dass ihr Partner sie vor der Hochzeit nicht im Brautkleid sieht. Auch wollen sie zu Klängen von Mendelssohn oder Wagners Parzival am Arm des Vaters zur Trauung geführt werden. Beim Verlassen der Kirche oder des Ritualraums warfen die Gäste traditionellerweise Reiskörner über das Paar. Damit sollte die Fruchtbarkeit symbolisiert werden. Angesichts der Hungersnot in vielen Ländern und der Lebensmittelvernichtung im Rest der Welt stößt dieser Brauch heute auf Unmut. Inzwischen ist das Seifenblasen an diese Stelle getreten, was schöner und poetischer, lustiger und sinnvoller ist. Nach der Trauung – in der Regel vor dem Kirchenportal oder gegen Ende des abendlichen Festes – wirft die Braut den Brautstrauß in die Menge der unverheirateten Frauen. Die ihn fängt, könnte als Nächste Hochzeit feiern. In einigen ländlichen Gegenden der Schweiz besorgen Freunde des Brautpaars einen dicken Holzstamm, den das Brautpaar im Anschluss an die Trauung als Ausdruck der Gleichberechtigung und der guten Kooperation mit einer Ziehsäge gemeinsam durchsägt. Der Brauttanz beim abendlichen Fest wirkt peinlich, wenn das Paar nicht wirklich Walzer tanzen kann. Der Brauch der Brautentführung stirbt zum Glück an den meisten Orten aus. Früher nahmen sich die Bauern oder Fürsten in der Hochzeitsnacht ihrer Mägde und Untergebenen das *»ius primae noctis«*, das Recht der Entjungferung. Heute entführen manchmal noch Freunde des Bräutigams die Braut und verschwinden mit ihr in die nächste Kneipe, wo sie auf Kosten des Bräutigams eine Runde trinken und die Braut zurückgeben, sobald er die Zeche beglichen hat. Bei Chinesen und Hindus wird der Heiratstermin mittels Horoskop bestimmt. Für das Brautkleid existiert in England die Tradition: »something old, something new, something borrowed, something blue – and a Silver Sixpence in her shoe«. Das Geldstück im Brautschuh sorgt dafür, dass das Geld in der Ehe niemals ausgeht. Manche Bräute tragen auch einen traditionellen Schleier. Dieser sollte nach dem Glauben der alten Germanen verhindern, dass böse Dämonen durch die Nasenlöcher der Braut schlüpfen. Zugleich war der Schleier Sinnbild für Jungfräulichkeit. Als Zeichen der Jungfräulichkeit trugen die Bräute zudem ihr Haar offen.

➤ *Wie religiös oder spirituell haben wir geheiratet? Oder wie möchte ich eines Tages heiraten?*
➤ *Nach welchen Kriterien haben wir bei der Hochzeit den Ort gewählt? Oder nach welchen Kriterien will ich diesen eines Tages bestimmen?*

Polterabend neu erfinden

Wenn ich an Samstagabenden in Zürich ein Grüppchen verkleideter junger Damen sehe, in der eine Frau alle Herren anquatschen und ihnen die Schuhe putzen muss, weiß ich: Aha, ein Polterabend. Bei Frauen wie bei Männern sind sie eine reine Ulk-Party mit Mutproben und viel Alkohol, so dass man den Eindruck gewinnt, die Hochzeit käme dem Antritt einer lebenslangen Gruppenhaft gleich. Der Name »Polterabend« kommt daher, dass die Gäste früher Porzellangeschirr mit zu diesem Anlass brachten und dieses vor dem Betreten des Hauses zerschlugen. Damit wurden die bösen Geister vertrieben und das Glück des Paares gesichert.

Das Paar las die Scherben dann gemeinsam auf, um sich als Team in der Not zu beweisen. Im Volksmund nennt man die Hochzeit manchmal scherzhaft »Junggesellenbegräbnis«. In diesem Spruch liegt ein Körnchen Wahrheit. Für Braut und Bräutigam sind mit der Hochzeit die Jahrzehnte als Single definitiv vorbei und sie werden Mitglieder einer je neuen Familie. Wenn ein Polterabend tatsächlich diesen Veränderungsprozessen dienen will, dann braucht er eine völlig neue Form. Ich könnte mir vorstellen, dass Braut und Bräutigam getrennt voneinander oder gemeinsam einige Monate vor der Hochzeit ihre engsten Freunde zu einem Ausflug oder Abendessen einladen, wo sie über ihre Hoffnungen und Ängste sprechen und über das, was sie mit der Hochzeit loslassen werden. Und die Gäste können aus ihren Erfahrungen mit dem Veränderungsprozess berichten und Wünsche mit auf den Weg geben.

➤ *Wie habe ich meinen eigenen Polterabend erlebt? Oder wie möchte ich diesen eines Tages gestalten?*
➤ *Welche Elemente müssten an einem Polterabend vorkommen? Und welche auf keinen Fall?*

Ein Tag wie bei Sissi: die Hochzeit

»Hochzeiten oder Paarsegnungen finde ich die schönsten Feste, die man feiern kann. Ich finde es aber befremdend, wenn ein Paar in der Kirche heiratet, nur weil es ein dekorativer Raum mit guter Akustik ist« (♀, 38 Jahre). *»Dass zwei Menschen in guten und in schlechten Zeiten zusammenhalten wollen, finde ich schön. Eheringe finde ich als Symbol ebenfalls sehr stimmig. Und das Berühren der Lippen als Besiegelung des Bundes finde ich wunderbar«* (♀, 46 Jahre). *»Mich stört, dass Hochzeiten oft nicht persönlich gestaltet sind, sondern starren Formen folgen«* (♀, 42 Jahre). *»Ne-*

ben Ringaustausch und Ja-Wort gäbe es sicher noch andere Rituale, die ein Paar mehr verbinden und die auch die Verbundenheit mit den Gästen mehr ausdrücken würden« (♀, 33 Jahre). »Unsere Hochzeit markiert für mich einen der wichtigsten Schritte im Leben. Nicht nur für uns selbst, sondern auch bei den Teilnehmenden veränderte sich durch das Fest die Wahrnehmung von uns als Paar« (♀, 46 Jahre).

Hochzeitsfeiern enthalten verschiedene Teilrituale, die Veränderungsprozesse thematisieren und inszenieren. Bereits der *Einzug der Braut* macht eine Aussage der Braut, die je nachdem am Arm des Vaters, des Bräutigams oder der Trauzeugin bei festlicher Musik durch den Saal, die Kirche oder den Park schreitet. Gerade wenn bei einer Hochzeit wichtige Bezugspersonen des Paares fehlen (verstorbene Eltern, Großeltern, Geschwister, Freunde oder Fehlgeburten), sollte man *Abwesende im Geiste herbeirufen* durch bestimmte Symbole. Wenn die Ablösung von den Eltern noch nicht ganz vollzogen ist, braucht auch dieser notwenige Veränderungsprozess eine Form, indem das Brautpaar ein *Geschenk an die eigenen Eltern* überreicht, das gleichzeitig Loslösung und neue Verbundenheit ausdrückt. Die Eltern können anschließend *das eigene Kind segnen* für den weiteren Weg. Damit die Gäste nicht nur Zuschauer, sondern aktiv am Hochzeitsritual Teilnehmende werden, hilft eine geführte *Meditation der eigenen Paarbeziehung* mit anschließender Bitte um Kraft für alle Beziehungen und Beziehung-Suchenden. Im thematischen Teil der Feier werden *Texte und Musikstücke* vorgetragen, die etwas mit den Lebensthemen und der Einzigartigkeit des Brautpaars zu tun haben und folglich auch das Thema der Feier bilden. Es können auch andere Kunstformen wie Bilder, Skulpturen oder Filme verwendet werden. Danach legt der Ritualbegleiter die Texte für das Paar und die Gäste in der *Ansprache* aus. Zum Abschluss der Ansprache überreicht der Ritualbegleiter ein *Geschenk ans Brautpaar.* Das Geschenk soll die beiden an die Hochzeit erinnern und zu weiteren Prozessen als Paar ermutigen. Vor dem Ja-Wort können die Trauzeugen oder nahe Freunde des Brautpaars *Statements zum Brautpaar* abgeben. Das *Ja-Wort* kann in verschiedenen Formen erfolgen. Entweder stellt der Ritualbegleiter geschlossene Fragen, die das Paar mit dem Ja-Wort erwidert. Oder das Brautpaar spricht sich alternierend die Verpflichtungen zu. Die Brautleute können sich auch Liebeserklärungen gegenseitig frei vortragen, die mit einem Ja-Wort enden können. Wenn die *Segnung der Ringe* vor dem Ja-Wort erfolgt, kann das Ja-Wort nahtlos in den *Ringaustausch* übergehen, ansonsten erfolgt an dieser Stelle die Segnung der Ringe. Die Ringe werden entweder von den Trauzeugen, von Patenkindern oder von Kindern aus der gemeinsamen Partnerschaft oder aus früheren Partnerschaften gebracht, wenn die Kinder dazu bereit sind. Weil es immer wieder vorkommt, dass Partner nicht gerne Ringe tragen, können sich die Brautleute auch andere *bedeutungsvolle Symbole überreichen.* An dieser Stelle können auch *Hochzeitsrituale aus anderen Kulturen oder Religionen* ihren Platz finden. Danach kann eine *Segnung des Brautpaars* erfolgen. Manche Paare wollen zusammen mit den Zeugen ein künstlerisch gestaltetes *Zertifikat unterschreiben.* Mit den beiden Partnern sind nun auch zwei Familien zusammengekommen. Die *Aufnahme des neuen Familienmitglieds* können die Schwiegereltern durch die Segnung des neuen Mitglieds oder ein symbolisches Geschenk ausdrücken. Dann können die Eltern, Geschwister und Trauzeugen ihre persönlichen *Wünsche ans Brautpaar* zum Ausdruck bringen und sie mit einem stimmigen Symbol verbinden. Im Verlauf des Abends können sich vielleicht noch weitere Gäste dem Wunsch-Ritual anschließen. Vor dem Ende der Feier kann der Ritualbegleiter stellvertretend einige *Produkte des anschließenden Empfangs segnen.* Manche Brautpaare haben einen besonderen Bezug zu einem sozialen Hilfswerk und bitten die Gäste, dass sie am Ende der Feier beim Ausgang oder im Verlauf des abendlichen Festes ein bestimmtes Hilfswerk mit einer *Spende* unterstützen. Nach einem *Segen aller Anwesenden* erfolgt der *Auszug aus dem Raum* nach einer bestimmten Reihenfolge.

Heute nimmt die Zahl der bi-kulturellen, bi-nationalen und bi-religiösen Hochzeiten stark zu. Darum ist es wichtig, bei Hochzeiten die verschiedenen kulturellen und religiösen Hochzeitsbräuche zu kennen und zu integrieren. Wenn ein Paar nach jüdischer Tradition ein Weinglas zertritt und alle Anwesenden »Masel tov« (viel Glück) rufen, wirkt das ebenso eindrücklich wie die muslimische Braut, die erst bei der dritten Anfrage Ja sagt. Buddhisten besprengen die Braut mit Weihwasser und chinesische Bräute heiraten in Rot – der Farbe des Glücks.

➤ *Welche Elemente fand ich bei meiner Hochzeit schön, wichtig und hilfreich? Oder welche Elemente möchte ich eines Tages bei der Hochzeit unbedingt integrieren?*
➤ *Welche Elemente sollen bei meiner Hochzeit dereinst auf keinen Fall vorkommen?*
➤ *Welche Rituale oder Symbole fehlen meiner Ansicht nach bei Hochzeiten?*

Nicht vergessen: Hochzeitstag

Es ist schön, wenn Paare an ihrem Hochzeitstag Elemente integrieren, die über ein feines Essen hinausgehen: »*Eine vertiefte Besinnung über das vergangene Jahr und vor allem das Erneuern des Eheversprechens hätte uns in früheren Jahren sehr wohlgetan*« (♂, 72 Jahre). Mit einem bewussten Ritual bleibt der alljährliche Hochzeitstag nicht bloß eine Formalität, sondern kann die Entscheidung füreinander erneuern und vertiefen. Bei Hochzeitjubiläen sollte das Ehe-Versprechen der jeweiligen Lebenssituation angepasst werden. Mit 75 Jahren müssen einem Paar in der Beziehung andere Dinge wichtig sein als mit 30, oder 40 oder 50 Jahren. Ehe- oder Partnerschafts-Erneuerungen müssen auch nicht zwingend an den Hochzeits- oder Kennenlern-Tag gebunden sein, sondern können beispielsweise am Tag des Ferienbeginns stattfinden. So werden Ferien immer zu Flitterwochen. Ich gestalte gerne mit Paaren deren Silberne oder Goldene Hochzeit mit einem Ritual, wo sie dankbar und versöhnt Altes würdigen, sich im Jetzt das Mögliche versprechen und um Kraft und Segen bitten für das Kommende. Die mitfeiernden älteren Paare sind jeweils tief berührt, wenn sie miterleben dürfen, wie sich zwei Menschen nach 25 oder 50 Jahren danken und verzeihen können und wie sie sich immer wieder neu aufeinander einlassen und sich den je neuen Aufgaben und Herausforderungen, Träumen und Visionen stellen. Eindrücklich ist auch, wenn Kinder und Enkel erzählen, wie sie ihre Eltern und Großeltern erlebt haben, wofür sie ihnen besonders dankbar sind oder was sie ihnen für die Zukunft speziell wünschen.

➤ *Welche Rituale am Hochzeitstag oder Beziehungstag finde ich schön und stimmig, hilfreich und Halt gebend?*

➤ *Welche Rituale am Hochzeits- oder Beziehungstag geben uns Halt im Sinn von Stabilität und Sicherheit?*

➤ *Welche Rituale am Beziehungs- oder Hochzeitstag möchte ich abschaffen?*

➤ *Welche Rituale am Beziehungs- oder Hochzeitstag fehlen meiner Meinung nach in Partnerschaften?*

15. Wenn die Liebe stirbt: Trennung

Die Loslösung von Altem und Vergangenem ist Teil eines jeden Rituals. In manchen Ritualen bildet die Trennung aber das Thema schlechthin. Bei einer Trennung durch den Tod feiern wir eine Beerdigung, beim emotionalen Liebestod hingegen nicht. Manche bereuen dieses Fehlen später, andere nicht: *»Nach der Scheidung meiner Eltern oder auch nach dem Ende meiner eigenen Beziehung hätte es mir geholfen, mit einem Ritual einen Schlussstrich zu ziehen, um dann einen Neubeginn machen zu können. Gerade weil Trennungen mit negativen Emotionen behaftet sind, wäre es gut, wenn schon nicht gemeinsam, dann doch jeder für sich, seinen Frieden mit sich und dem anderen zu machen«* (♀, 40 Jahre). *»Gerade weil die Ehe für mich etwas Heiliges ist, war ich umso mehr enttäuscht, dass wir uns scheiden ließen. Ein Trennungsritual gestalteten wir nicht. Und ich muss heute, zehn Jahre danach, auch keines nachholen. Am Hochzeitstag sende ich ihm immer noch ein paar liebe Zeilen«* (♀, 38 Jahre). *»Mir fehlen kirchliche Scheidungsrituale, damit beide einen guten Weg weiter gehen können«* (♂, 52 Jahre).

So wie bei der Beerdigung die verstorbene Person nicht mehr lebendig präsent ist, muss auch bei einem Trennungsritual der ehemalige Gatte oder die frühere Partnerin nicht zwingend physisch dabei sein. *»Nach Trennungen hilft es mir, wenn ich Briefe, Fotos oder Tagebücher allein verbrennen kann«* (♀, 39 Jahre).

➤ *Welche Abschieds- und Trennungsrituale finde ich stimmig und wichtig, hilfreich und Halt gebend?*
➤ *Welche Abschieds- und Trennungsrituale finde ich eher störend und möchte sie darum abschaffen?*
➤ *Welche Abschieds- und Trennungsrituale fehlen meiner Mei-*

nung nach im Privatleben, am Arbeitsplatz und/oder im öffentlichen Leben?

16. Menopause und Rentnerschock

»*Mit 66 Jahren, da fängt das Leben an*«, singt Udo Jürgens. Veränderungsprozesse werden ab 50 oft als Verlust an Lebensqualität empfunden. Für viele Frauen wirken Klimakterium und Menopause bedrohlich, andere feiern diese Wendepunkte rituell und öffnen sich bewusst für die neue Phase. Für Männer wirkt besonders der Schritt in den Ruhestand bedrohlich, weil sie sich mehr als Frauen durch die berufliche Rolle definieren und sich mit dieser Rolle jahrzehntelang stark identifizieren. Bei manchen Männern bricht mit dem Rentenalter ihre Identität ein Stück weit zusammen. Mit einem Ritual können Männer sich bewusst öffnen für die Phase, in der sie fortan mehr von dem tun dürfen, was ihnen wesentlich und wichtig erscheint.

Die meisten Firmen und Arbeitsteams haben keine oder nur eine rudimentäre Ritual-Kultur, um Angestellte in Würde zu entlassen oder in Rente zu schicken. Darum fühlen sich viele Pensionierte abgeschoben, abserviert und entsorgt. Dieser Mangel an Pensionierungs-Kultur wirkt auch negativ auf die Verbleibenden im Unternehmen zurück. Ein Ritual kann ohne viel Aufwand eine heilsame Wirkung für alle erzielen.

Unmittelbar nach der Pensionierung ist es wichtig, nicht gleich in einen neuen Aktivismus – den Un-Ruhestand – zu verfallen, nur um einer möglichen Leere aus dem Weg zu gehen. Die Pensionierung ist eine einzigartige Chance, das Brachland von Nicht-mehr-und-noch-nicht bewusst zu nutzen. Eine Auszeit kann helfen, das Vergangene zu würdigen, ihm einen neuen Platz im Leben zuzuordnen und frei zu werden für Zukunftsvisionen und für eine neue Tages- und Wochenstruktur.

Weil das Auto für viele ältere Menschen ein Ausdruck für Unabhängigkeit und Mobilität ist, empfinden sie das Abgeben des Führerscheins als dramatische Veränderung. Ein offizielles Abgaberitual existiert nicht. Aber so wie Kinder ihren Schnuller feierlich übergeben und dafür ein Geschenk von den Eltern bekommen, könnten ältere Menschen ihren Autoschlüssel feierlich an ihre Kinder übergeben und würden dafür beispielsweise ein Büchlein mit Taxi-Gutscheinen oder die Jahreskarte für Tram und Busse geschenkt bekommen.

Viele Senioren leiden am Abnehmen des Gehörs, vor allem wenn sie bei gemütlichen Runden am Tisch manche Scherze nicht mehr mitbekommen und nicht wissen, warum auf einmal alle lachen. Der Kauf eines Hörgeräts wird oft tabuisiert. Gerade weil dieser Wendepunkt so schwierig ist, könnte man ein Hörgerät-Inaugurations-Ritual kreieren. Bei dieser Feier könnte man der Mutter oder dem Vater eine CD mit ihrer Lieblingsmusik schenken. Zuerst hören sie ein paar Minuten mit ausgeschaltetem Hörgerät und schalten es dann feierlich ein.

Auch den Eintritt ins Altenheim empfinden die meisten Betagten und ihre Angehörigen als einschneidende Veränderung. Schon die Bezeichnung der Institution drückt die Schwierigkeit mit dem Thema aus. Ausdrücke wie Seniorenresidenz vermitteln den Eindruck, dass es sich nicht um die letzte Lebensstation handeln soll, sondern um eine Art Aufstieg ins Märchenschloss. Bei diesem dramatischen Übergang wäre ein Ritual hilfreich. Der Abschied von der Wohnung oder vom Haus würde die erste Phase bilden. Die Mutter oder der Großvater könnte bestimmte Gegenstände den Kindern oder Enkelinnen, Patenkindern, Freunden oder Nachbarinnen schenken. Andere Gegenstände würden sie bewusst mit an den neuen Ort mitnehmen. Und für den neuen Ort würden die Angehörigen sie beschenken: mit einem gerahmten Bild vom Haus, einem Heft mit Gutscheinen für gemeinsame Ausflüge oder aktuellen Familienfotos.

➤ *Für welche Veränderungsprozesse im Alter finde ich Rituale besonders stimmig, hilfreich und Halt gebend?*
➤ *Welche Übergangs-Rituale im Alter finde ich störend?*
➤ *Welche Übergangs-Rituale im Alter fehlen meiner Meinung nach im Privatleben oder im öffentlichen Leben?*

17. Sterben, Tod und Trauer

So wie sich die Taufe und die Hochzeit in den letzten 20 Jahren vom kollektiven zum individuellen, vom sozialen zum familiären Ritual entwickelt haben, so haben sich auch die Rituale rund ums Sterben und Trauern stark in den Privatbereich verschoben. Oft liest man in Todesanzeigen, dass jemand im engsten Familien- oder Freundeskreis beigesetzt worden sei. Von vielen Verstorbenen erscheint überhaupt keine Todesanzeige in der Zeitung. Anders in Süditalien, wo großformatige Todesanzeigen neben Werbeplakaten im Stadtzentrum kleben. *»Eine Kultur wird danach beurteilt, wie sie mit ihren Toten umgeht«*, schrieb der griechische Staatsmann Perikles bereits im 5. Jahrhundert vor unserer Zeitrechnung. Von der Art, wie die Menschen ihre Verstorbenen und Ahnen ehrten und ehren, wird von Paläontologen, Archäologen und Ethnologen auf die generelle Kultiviertheit einer Gesellschaft geschlossen. Gegen Ende des 18. Jahrhunderts wurden in den meisten europäischen Gebieten die kirchlichen Friedhöfe im Stadt- und Dorfzentrum aufgehoben und an die Peripherie verlegt. Walter Benjamin spricht mit Recht davon, dass der unterbewusste Hauptzweck der bürgerlichen Gesellschaft darin bestehe, den Leuten die Möglichkeit zu verschaffen, sich dem Anblick von Sterbenden zu entziehen.

Sterbe-un-kultur in Krankenhäusern und auf Friedhöfen

Heute sterben in unseren Breitengraden die meisten Menschen im Krankenhaus oder Altenheim, wo die Rahmenbedingungen des Sterbens stark von medizinischen Routinen und Abläufen bestimmt werden. Ich erinnere mich an den Abend, als ich im Februar 2004 nach einem Skiunfall frisch operiert in einem Viererzimmer im Kantonsspital von Fribourg aus der Narkose aufwachte. Neben mir lag ein betagter Mann im Sterben. Niemand wachte bei ihm. Irgendwann hörte er auf zu atmen. Kurze Zeit später kam die Nachtschwester herein, steckte seine Siebensachen in einen Plastiksack, zog die Bettdecke über sein Gesicht und schob das Bett wortlos hinaus. Wir anderen drei Männer schauten uns nur kopfschüttelnd an. Auch als ich einmal ein Pflege-Praktikum in einem Spital in Basel absolvierte, fuhren wir die Verstorbenen unter einem Turm von Decken und Kissen unauffällig in den Keller, von wo sie später durch den Hinterausgang zum Friedhof gelangten.

Eine beschämende Toten-un-kultur dominiert auch auf manchen Friedhöfen. Auf dem Zürcher Friedhof Sihlfeld, wo der Rote-Kreuz-Gründer Henry Dunant, Gottfried Keller und die Heidi-Autorin Johanna Spyri liegen, darf eine Trauerfeier in der Friedhofskapelle maximal 20 Minuten dauern. Einen Schock erlebte ich vor einem Jahr, als ich eine 93-jährige Frau in der Stadt Zug beerdigte. Ich war lange vor Beginn der Feier in der Kapelle des Friedhofs, um alles vorzubereiten. Als ich die Urne nirgends sah, fragte ich den Friedhofsverwalter, wann diese eintreffe, weil die Angehörigen diese während der Abschiedsfeier im Raum haben wollten. »Die Feier beginnt am Grab mit der Bestattung, die Urne ist schon dort«, lautete die trockene Antwort. Also änderte ich spontan die Abfolge von Trauerfeier und Bestattung und inspizierte das Urnengrab. Auch dort stand keine Urne. Wieder ging ich zum Friedhofsverwalter und fragte, wo denn die Urne sei. Noch trockener und schon leicht gereizt meinte er: »Die ist schon im Loch, wir haben auch noch anderes zu tun.« Und als ich ihn dann noch zu fragen wagte, wo denn bitte das Weihwasser zur Segnung der Urne zu finden sei, meinte er: »Die Frau ist aus der Kirche ausgetreten, da braucht es kein Weihwasser.« Von dem Moment an war mir klar, dass Zug eher ein Paradies für Steuerzahlende ist als für trauernde Angehörige.

➤ *Wie nehme ich den Umgang unserer Gesellschaft mit Sterbenden und Toten wahr?*
➤ *Welche Rituale fehlen meiner Meinung nach rund ums Sterben und den Tod – im Privatbereich, am Arbeitsplatz, in Spitälern und Heimen, in Kirchen, auf Friedhöfen und in der Öffentlichkeit?*

Letzte Dinge regeln

Wolfgang Amadeus Mozart schrieb bereits mit 31 Jahren an seinen Vater: »*Ich lege mich nie zu Bett, ohne zu bedenken, dass ich vielleicht – so jung als ich bin – den andern Tag nicht mehr sein werde. Und es wird doch kein Mensch von allen, die mich kennen, sagen können, dass ich im Umgang mürrisch oder traurig wäre. Für diese Glückseligkeit danke ich alle Tage meinem Schöpfer und wünsche sie von Herzen jedem Mitmenschen.*« Tatsächlich muss der Gedanke an den Tod nicht traurig stimmen. Im Gegenteil. Wer diese Tatsache annehmen kann und im Bewusstsein lebt, dass das Leben ein Geschenk ist und jederzeit enden kann, lebt dankbar und zufrieden.

In meiner Pultschublade befinden sich Pflege- und Patientenverfügung, der Lebenslauf, das Testament, die Todesanzeige, der Ablauf meiner Begräbnisfeier sowie Adresslisten von Menschen, die eine Todesanzeige erhalten sollen. Mit der Bank und der Altersvorsorgekasse habe ich geregelt, was im Fall eines unerwarteten Todes geschehen soll. Irgendwann werde ich wohl auch an Nahestehende persönliche Abschiedsbriefe formulieren. Dann und wann ändere ich Entscheide in meinen Unterlagen, weil ich beim Begleiten von Sterbenden, bei Beerdigungen oder in Büchern etwas erfahren habe, was mir besonders gut gefallen oder mich sehr gestört hat und was ich darum dereinst nicht dem Zufall überlassen will. Inzwischen macht es mir sogar einen gewissen Spaß, meine »letzten Dinge« zu ändern, wenn ich eine eindrückliche Todesanzeige lese, eine neue Patientenverfügung entdecke, ein bewegendes Gedicht lese oder ein wunderbares Musikstück am Radio höre. Zudem trage ich im Geldbeutel einen Organspendeausweis sowie eine Karte mit den Namen meiner nächsten Angehörigen, die benachrichtigt werden sollen, falls ich nicht mehr bei Bewusstsein bin. Mit diesen Ritualen thematisiere ich den Tod recht oft und bin überzeugt, dass dies der Schlüssel ist für meine Gelassenheit im Alltag.

Sehr froh bin ich darüber, dass ich wenige Wochen vor dem Tod meines krebskranken Vaters den Mut fasste, mit ihm über seine Wünsche bezüglich der Beerdigung zu sprechen. Ich fragte ihn, ob er dereinst eine Erdbestattung oder eine Kremation wünsche und ob er in der Trauerfeier und bei der Bestattung bestimmte Texte, Gebete oder Lieder hören möchte. Wenn nämlich Verstorbene keine Notiz bezüglich Sterbebegleitung, Organspende, Kremation, Trauerfeier und Begräbnis hinterlassen, geraten Angehörige oft in Gewissensnot. Vor allem, wenn sie nicht wissen, wie die Mutter oder der Vater über die Kremation dachten. Gläubige Angehörige erfahren manchmal mit Entsetzen beim Tod ihrer Eltern, Geschwister oder Kinder, dass diese aus der Kirche ausgetreten sind und kein Recht mehr haben auf eine kirchliche Bestattung. Sollen sie trotzdem die Pfarrei anrufen und nach Möglichkeiten einer kirchlichen Bestattung fragen oder den Willen der Toten respektieren und eine Ritualbegleiterin engagieren oder selber ein Ritual gestalten? Darum gehören die »letzten Dinge« nicht nur auf dem Papier geplant, sondern auch kommuniziert. Unsere Eltern, Lebenspartner und Geschwister sollen wissen, was wir dereinst wünschen. Wir sollten es auch von unseren volljährigen Kindern wissen, was nach einem möglichen tödlichen Unfall mit ihnen geschehen sollte, zumal Organe von jungen Menschen besonders begehrt sind.

Schon mehrere Personen haben mich gebeten, dereinst ihre Trauerfeier zu gestalten. Die Vorbereitungsgespräche berühren mich jeweils tief. Meist wollen sie den Angehörigen möglichst wenig Umstände und Arbeit bereiten. Manche überlegen sich sogar den Verzicht auf eine Abschiedsfeier. Meine Hauptaufgabe besteht dann darin, ihnen aufzuzeigen, dass sie mit der Trauerfeier und der Bestattung den Angehörigen wichtige Möglichkeiten schenken für deren Trauerarbeit.

Bei den folgenden Fragen können Sie jeweils auch überlegen, ob Sie die Antworten von Ihren Eltern und nächsten Angehörigen ebenfalls kennen. Vielleicht führt dies zu entlastenden Gesprächen mit Ihren Lieben über die »letzten Dinge«.

➤ *Welche »letzten Dinge« habe ich bereits geregelt?*
➤ *Wie möchte ich meine »letzten Dinge« regeln?*

➤ *Was spricht für oder gegen die Kremation?*
➤ *Wo will ich die Tage zwischen Tod und Bestattung einst verbringen?*
➤ *Wo, wie und mit wem soll die Beerdigung gestaltet sein?*
➤ *Was spricht für eine Beisetzung in aller Stille?*
➤ *Wo und wie soll mein Grab gestaltet werden?*
➤ *Soll meine Asche auf dem Friedhof, auf hoher See, bei einem Baum oder (außerhalb Deutschlands, wo dies verboten ist) irgendwo in der Natur verstreut werden?*

Abschied in Etappen

Sterben und Tod bilden eine Folge von Veränderungsprozessen mit vielen und meist dramatischen Schritten, Phasen und Etappen. Bei einigen Übergängen bestehen traditionelle Rituale, bei anderen nicht. Weil wir für viele Etappen-Abschiede wie etwa für das Hinaustragen des Leichnams aus der Wohnung oder für den Weg vom Aufbahrungsraum zum Krematorium keine Rituale kennen und auch nicht jedes Mal den Pfarrer oder die professionelle Ritualberaterin aufbieten können, wird die eigene Ritualkompetenz rund um Sterben, Tod und Trauer immer wichtiger.

Die folgenden vier Abschieds- und Segenstexte kann man bei den verschiedenen Teil-Abschieden von der Sterbebegleitung über den Tod, die Aufbahrung, Bestattung bis zu Gedenktagen jeweils wiederholen oder je unterschiedlich formulieren. Die Texte kann entweder eine Person vorlesen oder man kann sie kopieren, den Beteiligten austeilen und gemeinsam lesen. Ehe man aber irgendwelche Rituale mit Sterbenden plant, ist es wichtig, sich die darin thematisierten Veränderungsprozesse und die damit verbundenen Gefühle genau vor Augen zu führen und sich erst dann zu fragen, in welcher Form und mit wem dieses Ritual gestaltet werden soll.

Liebe/r ... ...
(Vorname oder Bezugsname wie Mama, Opi etc.)
Wir sind traurig über deinen (nahen) Tod.
Unser Leben und die Beziehung mit dir verändern sich nun sehr.
Wir hoffen, dass du nun in Gottes Hand ruhst.
Wir wollen dich nicht festhalten, sondern gehen lassen.
Du wirst sterben, doch du wirst nicht ausgelöscht,
nicht wie ein Bach in der Wüste versickern.
Du wirst Grenzen durchbrechen und neue Ufer erreichen.
Du wirst neu denken und fühlen.
Mit neuem Leib, mit neuer Seele,
im neuen Himmel, auf neuer Erde.
Alle scheinbaren Unterschiede werden verblassen:
oben und unten, arm und reich, stark und schwach,
Heimat und Fremde, Tage und Nächte, Lust und Schmerz.
Du wirst nichts wollen und tun, scheinen und müssen.
Du wirst sein – dir und uns nahe wie vielleicht nie zuvor.
Du wirst dich wie ein Wassertropfen mit dem Meer verbinden
und dennoch ganz du selber bleiben.
Schenk uns Licht und Liebe, Kraft und Hoffnung,
Segne uns alle, damit wir Segen für andere werden.

Gott (Unendliche Liebe, Kraft des Lebens)
Stärke, was in mir wachsen will
Schütze, was mich lebendig macht
Behüte, was sich in mir entfalten will
Bewahre, was ich loslasse
Umgib mich mit deiner Wärme
Reich mir deine stärkende Hand
Leuchte in mein Herz
Und segne uns, unsere Lieben ...

Gott (Unendliche Liebe, Kraft des Lebens),
gib Frieden und Ruhe, uns und allen Toten.
Gib Liebe und Leben, uns und allen Toten.
Was Du den Toten gibst, das gib auch uns.
Was Du uns gibst, das gib auch allen Toten.
Damit wir eine Gemeinschaft sind,
die Toten, seit Anfang der Welt,
und wir, die jetzt leben,
und alle, die noch nach uns leben werden.

Licht möge in uns geboren werden.
Kraft möge über uns kommen.
Liebe möge in unseren Herzen wohnen.
Friede möge aus uns strahlen.
Segen möge uns begleiten
und wir mögen Segen für andere werden
von Stund' zu Stund', bei Tag und bei Nacht.

➤ *Welche Stationen, Etappen und Schritte nehme ich rund ums Sterben und den Tod bis hin zum Begräbnis als existenziell einschneidend wahr?*

➤ *Welche Abschieds-Stationen waren bisher mit einem Ritual verbunden, das Gelegenheit zum Innehalten gab?*

➤ *Welche ritualisierten Etappen-Abschiede habe ich als schön und tröstlich, hilfreich und stabilisierend erlebt?*

➤ *Welche ritualisierten Etappen-Abschiede habe ich als störend oder schlimm erlebt?*

➤ *Welche ritualisierten Etappen-Abschiede fehlen meiner Meinung nach im Privatbereich, am Arbeitsplatz, in Heimen und Spitälern, in den Kirchen oder im öffentlichen Leben?*

Sterbebegleitung

»Ich erlebe es als Privileg, wenn ich jemandem, den ich mag, beim Sterben begleiten darf« (♀, 47 Jahre). Sterben ist ein radikaler Veränderungsprozess. Die sterbende Person muss aufhören, sich um das Wohlergehen des Gatten, der Kinder und Enkel zu sorgen und muss Frieden finden mit Menschen, die sie verletzt haben. Und die Angehörigen müssen die sterbende Person gehen lassen und ihr nach und nach einen neuen Platz im Leben zuweisen. Die radikalen Veränderungen in der Beziehung zwischen Sterbenden und ihren Angehörigen können in Ritualen thematisiert und erleichtert werden.

Ich erinnere mich gut an die Begleitung von Dorli. Sie litt an Krebs und hinterließ drei Kinder im Alter von 8 bis 12 Jahren. Weil sie sich sehr schwer tat, ihre Kinder ohne die eigene Mutter aufwachsen zu sehen, gestaltete ich mit ihr, ihrem Mann und den Kindern ein Abschiedsritual am Sterbebett. Die Kinder lud ich ein, ihrer Mutter direkt zu sagen, dass ihre Mama genug für sie getan hat und dass sie jetzt gehen darf. Die Kinder machten das ganz wunderbar. Von diesem Ritual an war Dorlis Unruhe gewichen und sie konnte kurze Zeit danach ruhig und friedlich einschlafen.

➤ *Welche Erfahrungen habe ich bei der Begleitung von Sterbenden bisher gemacht?*
➤ *Welche Art von Sterbebegleitung wünsche ich mir?*
➤ *Welche Rituale bei Sterbebegleitungen haben dem Sterbenden oder mir Halt geschenkt?*
➤ *Welche Rituale bei Sterbebegleitungen habe ich störend und negativ erlebt?*
➤ *Welche Rituale fehlen nach meiner Meinung in der Sterbebegleitung und Vorbereitung auf den Tod – für den Sterbenden wie auch für die Angehörigen?*

»Ich habe der letzten Ölung unserer Mutter zusammen mit meinem Bruder beigewohnt. Obwohl sie schon seit längerem geistig umnachtet war und wir trotz regelmäßiger Besuche von ihr längst Abschied genommen hatten, haben wir beide dieses Ritual sehr ergreifend empfunden« (♂, 72 Jahre). In der katholischen Kirche gibt es für kranke und sterbende Menschen das Sakrament der Krankensalbung. Es bezieht sich auf das 5. Kapitel im Jakobusbrief, wo es im Vers 14 heißt: *»Ist einer von euch krank? Dann rufe er die Ältesten der Gemeinde zu sich; sie sollen Gebete über ihn sprechen und ihn im Namen des Herrn mit Öl salben.«* Papst Innozenz I. führte das Ritual im Jahr 416 ein und bestimmte, dass dieses Öl nicht nur von Priestern, sondern von allen Gläubigen in eigener Not oder in der Not der Ihrigen zur Salbung verwendet werden dürfe. Seit dem 8. Jahrhundert wird das Ritual an die Beichte geknüpft, das heißt an die Lossprechung von den Sünden und die damit verbundene Zusage der unbedingten Liebe Gottes. Dieses Ritual ist dem geweihten Priester vorbehalten. Weil de facto aber die meisten Krankenhaus-Seelsorger nicht-geweihte Theologinnen und Theologen sind, müssten für dieses Sakrament extra von irgendwoher zumeist betagte Priester »eingeflogen« werden, die die Patienten überhaupt nicht kennen. Aus diesem Grund vollziehen heute Spitalseelsorgerinnen entweder Rituale, die der Krankensalbung ähnlich sind, oder berufen sich auf die ursprüngliche Intention von Papst Innozenz I. sowie auf die Tradition der Kirche, die bei der Sakramentenspende im Angesicht des Todes immer schon Ausnahmen genehmigte – nach dem alten Grundsatz *»Ecclesia supplet«* – die Kirche ergänzt, was an diesem konkreten Vollzug fehlen mag.

Nothochzeit auf dem Sterbebett

Ein Standesbeamter erzählte mir von einem Phänomen, das bei Sterbenden stark zunehme. Weil immer mehr betagte Sterbende im Konkubinat leben und ihre Partner kein Recht auf Erbe und Altersrenten haben, vollziehen die Beamten immer öfter Nottrauungen in Krankenhäusern und Heimen. Die Beamten beschränken sich dabei auf den rein zivilrechtlichen Teil der Trauung. Es wäre meiner Meinung nach aber auch denkbar, dass diese ambulanten Beamten zusammen mit den Krankenhaus- oder Heim-Seelsorgern eine spirituell-religiöse Dimension in die Sterbebett-Hochzeit integrierten.

Abschied am Totenbett

»Still um den gestorbenen Angehörigen sitzen, finde ich schön« (♀, 47 Jahre). Im Moment des Todes sollte man auf keinen Fall in Hektik verfallen. In manchen Kulturen werden die Fenster geöffnet, damit die Seele hinaus kann. Und Kerzen werden angezündet als Symbol für die österliche Auferstehung. In manchen klimatisierten Krankenhäusern ist aber beides unmöglich. Tritt der Tod ein, können die Angehörigen (allein oder zusammen mit dem Pflegepersonal) die Augen des Verstorbenen schließen und eventuell einen feuchten Waschlappen auf die Augen legen, damit sie sicher geschlossen bleiben. Dann wickeln sie eine elastische Binde ein paar Mal um den Kopf, vom Kinn bis zum Schädel, damit der Mund bei eintretender Leichenstarre geschlossen bleibt. Dann ist erst einmal Ruhe angesagt. Der Arzt kann den Tod auch noch ein paar Stunden später feststellen. Und das Bestattungsinstitut sowie der Auftrag für die Todesanzeige können auch noch warten.

In den verschiedenen Kirchen existiert das Ritual der Aussegnung des frisch Verstorbenen. Diese bildet quasi den Rahmen zur Segnung des Kindes zu Beginn des irdischen Lebens. Die Aussegnung kann man am Totenbett feiern, sobald die engste Familie beisammen ist. Kinder sollte man auf keinen Fall vom Abschied ausschließen. Sie haben einen unverkrampfteren Zugang zum leblosen Körper als wir Erwachsenen.

Die Aussegnung geschah früher daheim durch den Pfarrer. Heute holt man die Seelsorgerin ans Totenbett im Heim oder Krankenhaus oder gestaltet gar kein Ritual. Das Ritual lässt sich leicht auch ohne die Anwesenheit von Profis gestalten. Bei allen Etappen-Ritualen gilt es die religiöse Situation des Verstorbenen und der Mitfeiernden zu respektieren, indem man eine Sprache, Symbole und Gesten verwendet, die für alle stimmig sind. Darum kann man diese Feier auch schon im Voraus mit den Geschwistern besprechen, die vielleicht religiös an ganz anderen Orten stehen wie wir.

Für dieses Ritual kann man eine Kerze, Wasser sowie pro Teilnehmende eine Rose bereitstellen. Auch ein CD-Gerät und die Lieblingsmusik der Verstorbenen eignen sich dazu. Zu Beginn wird die Kerze als Symbol für die Auferstehung angezündet und mit einem ersten Musikstück ein Akzent der Sammlung gesetzt. Danach spricht eine Person oder alle gemeinsam:

Gott (oder: Unendliche Liebe, Kraft des Lebens),
du begleitest uns inmitten von Trennung und Schmerz,
du weißt selbst am besten, was Leid und Tod bedeuten.
Du bist bei uns und schenkst uns Halt, Kraft und Licht.

Vater unser im Himmel, geheiligt werde dein Name.
Dein Reich komme,
dein Wille geschehe wie im Himmel so auf Erden.

Unser tägliches Brot gib uns heute.
Und vergib uns unsere Schuld,
wie auch wir vergeben unseren Schuldigern.
Und führe uns nicht in Versuchung,
sondern erlöse uns von dem Bösen.

Schenk ... ... die ewige Ruhe.
Und das Ewige Licht leuchte ihnen (ihm, ihr)!
Lass ... ... ruhen in Frieden.

Vielleicht haben Sie mit der Verstorbenen früher bestimmte Lieder gesungen. Schön finde ich die einfache Vertonung des Bruder-Klaus-Gebets *»Mein Herr und mein Gott, nimm alles von mir ...«* Man kann es finden unter: *www.nvf.ch/pdf/bk_lied.pdf.* Auch einfache Taizé-Gesänge wie *»Laudate omnes gentes«: www.taize.fr/de_article10313.html.* Dort finden sich auch alle anderen Taizé-Gesänge. Passend ist auch der Kanon *»Ausgang und Eingang«: www.rpg-zh.ch/pdf-doks/arbeitshilfe-3-taufe*
    Zu Maria, der Mutter Jesu, haben nicht alle einen nahen Bezug. Das »Ave Maria« eignet sich aber speziell für die Todesstunde:

Gegrüßt seist du Maria voll der Gnade. Gott ist mit dir,
du bist gesegnet unter den Frauen
und gesegnet ist die Frucht deines Leibes, Jesus.
Heilige Maria, Mutter Gottes, bitte für uns
jetzt und in der Stunde unseres Todes.

So, wie man dem Säugling bei der Taufe mit Weihwasser ein Kreuz auf die Stirn zeichnet, können die Mitfeiernden bei der Aussegnung ebenfalls ein Kreuz auf die Stirn zeichnen, um Hoffnung und Verbundenheit über den Tod hinaus auszudrücken. Danach kann man den Leichnam wie das Kind bei der Taufe mit Weihwasser besprengen, indem man etwas Wasser in die hohle Hand nimmt und über den Leib träufeln lässt. Bei diesem Segen sprechen die Feiernden individuell:

… …, Gott schenke dir, mir und uns allen ewiges Leben.

Dann legen alle eine Blume zu Füßen der verstorbenen Person und sagen dazu einen Dank, eine Bitte, einen Wunsch oder einfach ein liebes Wort. Sie können auch eine Szene aus dem Leben mit der Verstorbenen erzählen oder einen schönen Text vortragen. Selbstverständlich kann man an dieser Stelle auch einen biblischen Text vortragen, zu dem die verstorbene Person einen Bezug hatte. Stimmig finde ich den Text im Johannes-Evangelium (Kapitel 20, Verse 11–18), wo Maria von Magdala den auferstandenen Christus erst für den Gärtner hält und ihn erst erkennt an der Art, wie er ihren Namen ausspricht. Das Ritual kann man beenden mit einem der Segensgebete, die einige Seiten weiter oben formuliert wurden.

Alles mit der Ruhe

Magdalena Köster betont in ihrem Buch *»Den letzten Abschied selbst gestalten«* wiederholt und eindringlich, dass man sich vom Krankenhaus oder Altersheim, vom Arzt oder Bestattungsinstitut in keiner Weise bedrängen und stressen lassen soll im Moment des Todes von Angehörigen. Es lohnt sich, gerade die Stunden nach dem Eintritt des Todes zum Abschied zu nutzen und nicht gleich in den Organisationsstress zu verfallen oder zu fliehen: *»Sehr störend erlebte ich nach dem Tod meiner Eltern jeweils den unmittelbaren Gang zu den Ämtern und die Hetzerei, die in diesen Tagen gemacht wird«* (♀, 43 Jahre). *»Schade finde ich die operative Hektik, die zwischen Tod und Trauerfeier dominieren. Sie verhindern die eigentliche*

Trauer« (♀, 33 Jahre). Am besten klärt man verschiedene Aufgaben, die unmittelbar nach dem Tod anstehen, schon im Vorfeld des Todes, wenn das möglich ist.

Wenn die Verstorbene im Heim oder Krankenhaus gestorben ist und Sie den Leichnam daheim statt im Aufbahrungsraum beim Friedhof aufbahren wollen, werden Sie sich gegen die Bestattungsbeamten vehement durchsetzen müssen. Im Hochsommer ist das Aufbahren daheim tatsächlich etwas problematisch, weil die Temperatur unter 8 Grad Celsius sein sollte. Aber zwischen Oktober und April sollte es kein Problem sein. Verstorbene darf man in Deutschland bis zu 36 Stunden, in der Schweiz bis zu 96 Stunden daheim aufbahren. Die Bestattungsämter raten Ihnen wahrscheinlich auch aus Kostengründen ab, den Sarg zur Trauerfeier in die Kirche und anschließend zum Krematorium oder auf den Friedhof zu fahren. Wenn Ihnen das aber wichtig ist, müssen Sie auch hier beharrlich bleiben.

Wenn die verstorbene Person bestimmt hat, dass ihre Organe transplantiert werden oder wenn sie unnatürlich gestorben ist und eine rechtsmedizinische Untersuchung stattfinden muss, findet die Waschung und Bekleidung der Leiche erst nach der medizinischen Untersuchung oder Transplantation statt. In diesem Fall ist ein Etappen-Abschieds-Ritual vor der Verlegung ins Krankenhaus hilfreich. Es ist wichtig, den medizinischen Instituten mitzuteilen, dass der Leichnam hinterher von der Familie bekleidet und im offenen Sarg aufgebahrt wird. Ansonsten kann es sein, dass der Körper nach den medizinischen Eingriffen nicht mehr ansehnlich ist. Auch ist mit den Instituten klar im Voraus festzulegen, wann die Leiche weggeführt wird und wieder zurückkehrt. Ungewissheit kann in solchen Momenten sehr verunsichernd oder gar traumatisch wirken.

➤ *Welche Erfahrungen habe ich mit dem Abschied von Verstorbenen gleich nach dem Eintritt des Todes?*

➤ *Welche Art von Abschied wünsche ich gleich nach Eintritt meines eigenen Todes?*

➤ *Welche Handlungen gleich nach Eintritt des Todes habe ich störend und negativ erlebt?*

➤ *Welche Rituale fehlen nach meiner Meinung gleich nach Eintritt des Todes?*

Leichen sind nicht giftig

»Nach dem Tod meiner Eltern empfand ich es als sehr hilfreich, dass ich beim Waschen und Anziehen des Leichnams helfen durfte« (♀, 43 Jahre). Grundsätzlich gilt: Wir dürfen und sollen leblose Körper wie lebendige behandeln. Das heißt, dass wir einerseits keine Angst zu haben brauchen, wir könnten von austretenden Flüssigkeiten vergiftet werden. Und andererseits gebührt dem leblosen Körper dieselbe Ehre und Würde wie dem lebendigen Körper. Ein bis zwei Stunden nach dem Tod setzt die Totenstarre *(Rigor mortis)* ein: zuerst an den Augenlidern, dann am Kiefer. Nach sechs bis acht Stunden ist der gesamte Körper starr. Grund dafür ist wie bei einem Muskelkrampf die Biochemie der Muskelfasern. Nach zwei bis drei Tagen löst sich die Starre wieder und die Selbstauflösung beginnt.

Religiös wird das Waschen der Toten wie eine zweite Taufe gedeutet, als Reinigung zu Beginn eines neuen Lebens. Aus menschlicher Sicht ist das Waschen schlicht ein Ausdruck des Respekts der verstorbenen Person gegenüber. Aus rein hygienischen Gründen ist das Waschen nicht zwingend. Auch braucht es weder chemische Geruchsumwandler noch Formaldehyd zur Konservierung. Man kann den Körper aber mit feinen Ölen einreiben. Gerade weil wir den leblosen

Körper wie den lebenden behandeln sollen, empfiehlt es sich, die Verstorbenen mit der Seife und mit dem Lappen zu waschen, mit denen sie sich früher selber wuschen. Auch sollte man ihre privaten Tücher und Parfums zur Pflege verwenden. Verstorbene, die zuvor jahrzehntelang Wert auf gepflegte Kleidung legten, sollten nicht ausgerechnet bei der Verabschiedung in das hässliche Totenhemd gesteckt werden, das sie niemals freiwillig anziehen würden. Vielleicht wollte die verstorbene Person auch die Hände in einer besonderen Stellung haben. Und vielleicht wollen Sie ihr noch etwas Bedeutungsvolles mit in den Sarg hineingeben.

➤ *Welche Erfahrungen habe ich mit dem Waschen und Kleiden von nahen Verstorbenen gemacht?*
➤ *Was war schön und hilfreich und gab mir Halt?*
➤ *Was war störend oder unangenehm?*
➤ *Welche Wünsche habe ich bezüglich Waschen und Kleiden dereinst bei mir selber? Was wünsche ich mir, und was ganz bestimmt nicht?*
➤ *Welche Rituale fehlen nach meiner Meinung gleich nach Eintritt des Todes in Bezug auf die Herrichtung des Leichnams?*

Die Tage bis zur Trauerfeier

Zwischen dem Tod einer angehörigen Person und der Trauerfeier sind viele Dinge zu erledigen: die Todesbescheinigung durch den Hausarzt, die Meldung beim Standes- oder Zivilstandsamt, die Besprechung vom Datum der Trauerfeier und Beerdigung mit der Pfarrei, die Abklärung der verschiedenen Überführungen des Leichnams mit dem Bestattungsinstitut, die Planung vom Leichenschmaus im Restaurant, das Abliefern von Todesanzeige und Adressdatei bei der Druckerei, das Inserieren der Todesanzeige bei der Lokalzeitung sowie die Bestellung von Blumen, Kränzen und Sarg-Bouquet beim Floristen.

> ➤ *Welche Erfahrungen habe ich im Anschluss an den Tod von Angehörigen mit den verschiedenen Gängen durch die Ämter und Institutionen gemacht?*
> ➤ *Welche Wünsche habe ich dereinst in Bezug auf die verschiedenen Dinge, die nach meinem Tod zu klären sind?*
> ➤ *Was fehlt mir bei den vielen Abklärungen nach dem Tod – im Familienkreis, am Arbeitsplatz oder im öffentlichen Leben?*

Wachen und beten

»Schön ist, wenn der Verstorbene eine gewisse Zeit zuhause aufgebahrt verbringen darf und nicht gleich in die Kühlkammer kommt. Schön finde ich auch, wenn nahestehende Menschen vom Verstorbenen Abschied nehmen können« (♀, 47 Jahre). *»Ich schätze den klassischen Ritus des Rosenkranzgebets während der Tage zwischen Tod und Beerdigung«* (♀, 43 Jahre).

Die meisten Menschen sterben heute im Krankenhaus oder im Alten- bzw. Pflegeheim. In manchen Heimen bestehen heute Räume, in denen die Verstorbenen noch ein bis drei Tage aufgebahrt werden. Manchmal steht neben dem Leichnam ein Kondolenzbuch, in dem die Besucher ihre Gedanken, Gefühle, Dank und Wünsche formulieren können. Stirbt jemand im Krankenhaus, gelangt sie oder er rasch in einen Aufbahrungsraum in der Nähe des Friedhofs. Man kann die verstorbene Person aber nach dem Ausstellen des Totenscheins vom Bestattungsinstitut nach Hause überführen lassen.

Auch wenn die physische Nähe mit dem oder der Toten für die meisten von uns ungewohnt ist, erzählen Angehörige noch Monate und Jahre später, wie wichtig und eindrücklich, tröstlich und schön die Stunden waren, in denen sie bei der toten Mutter oder ihrem verstorbenen Vater Totenwache hielten. Manche Angehörige lassen in diesen Stunden und Tagen mehrmals das Leben mit ihren Eltern wie in einem Film ablaufen, andere schreiben in den stillen Stunden während der Nacht Briefe an die Verstorbene. Wieder andere lesen ihrer toten Mutter aus ihrem Lieblingsbuch vor oder lassen ihrem Vater seine Lieblingsmusik abspielen und singen ihm seine Lieblingslieder vor. Manche Angehörige finden im Gebet Trost und Kraft für sich sowie das Gefühl der tiefen Verbundenheit mit dem Verstorbenen. Nicht wenige Angehörige erzählen sogar, dass sie neben der Toten ihre Mahlzeiten einnahmen und ihr auch ein Gedeck hinstellten. Es ist auch nicht pietätlos, wenn man in diesen Tagen Erinnerungsfotos von und mit dem Toten knipst. Diese Bilder können später noch helfen, sich in Liebe und Dankbarkeit zu erinnern. Irgendwann wird man die Bilder nicht mehr brauchen. Meistens gibt es auch Angehörige, die in fernen Landen leben, auf Reisen sind oder im Krankenhaus liegen und darum keine Gelegenheit haben, sich vom Leichnam zu verabschieden. Für sie kann es ebenfalls hilfreich sein, wenn sie Fotos vom Verstorbenen sehen.

In manchen Pfarreien wird an den Abenden zwischen Tod und Trauerfeier ein Rosenkranzgebet organisiert, an dem die Trauerfamilie teilnehmen kann. Auch wenn das nicht meiner täglichen Gebetspraxis entspricht, empfand ich diese Abende in der Kirche mit der ganzen Familie als sehr wohltuend.

Wird der Verstorbene vom Sterbezimmer daheim oder im Heim in den Aufbahrungsraum oder ins Krematorium verlegt, empfehle ich die Gestaltung des einfachen Etappen-Abschieds-Rituals, vor allem wenn man die eigene Mutter oder den Vater dabei zum letzten Mal körperlich erfährt.

Ein besonderes Etappen-Abschieds-Ritual während der mehrtägigen Totenwache kann auch die Gestaltung des Sarges oder der Urne sein. Kinder von Verstorbenen können mit Farben den Sarg mit den Farben des Himmels oder mit Regenbogen und Sonnenblumen bunt bemalen. Ich habe auch einmal bei einer Beerdigung alle Angehörigen eingeladen, auf die hölzerne Urne einen letzten Gruß an die Verstorbene zu schreiben. Das hat zwar erwartungsgemäß viele Tränen und Schluchzen ausgelöst, während die Lieblingsmusik der Verstorbenen ertönte. Aber niemand fand das pietätlos. Im Gegenteil.

Von der jüngeren Altsteinzeit über die ägyptische, griechische und römische Antike bis ins Mittelalter sind Gräber mit besonderen Beigaben ausgestattet worden. Heute wollen Kinder und Enkel ihren geliebten Eltern und Großeltern oft eine Zeichnung oder sonst etwas Persönliches mit in den Sarg geben, das sie mit den Verstorbenen verbindet.

➤ *Welche Erfahrungen habe ich mit Wachen und Beten bei Verstorbenen gemacht?*
➤ *Welche Rituale habe ich als schön und hilfreich, tröstlich und Halt gebend erfahren?*
➤ *Welche Rituale habe ich als störend erfahren?*
➤ *Wie und wo möchte ich dereinst die Tage zwischen Tod und Trauerfeier verbringen?*
➤ *Welche Rituale sollten in diesen Tagen dereinst stattfinden?*
➤ *Welche Rituale fehlen meiner Meinung nach in diesen Tagen zwischen Tod und Trauerfeier – im privaten Bereich, am Arbeitsplatz oder im öffentlichen Leben?*

Je nach Bestattungsart geht der Sarg von der Aufbahrung daheim oder vom Altersheim oder vom Aufbahrungsraum beim Friedhof noch zwei bis drei Mal auf Reisen in Richtung Krematorium oder Kirche. Der Moment des Schließens des Sargdeckels und der Abtransport des Leichnams sind sensible und schwere Momente für die Angehörigen. Darum empfehle ich an diesem Punkt unbedingt ein Abschieds-Etappen-Ritual, wo die nächsten Angehörigen der verstorbenen Person nochmals ein Kreuz auf die Stirn zeichnen oder sie umarmen oder ihnen einen Brief mit in den Sarg geben. Das Abschieds-Etappen-Ritual kann auch im Krematorium selbst gestaltet werden, ehe der Sarg in den Ofen geschoben wird. Hindus begleiten ihre Verstorbenen immer bis ins Krematorium und lösen dort mit dem Knopfdruck selber die Kremation aus. Je nach Land muss im Voraus geklärt werden, ob der Leib vor der Kremation nochmals ausgezogen und ärztlich geprüft wird, um den Zweifel an einem unnatürlichen Tod auszuschließen. In diesem Fall sollte man vorsichtshalber in der Nähe sein, um sicher zu sein, dass die Beigaben im Sarg nicht einfach weggeschmissen werden vor der Kremation. In der Schweiz kann man nach einigen Stunden die Urne im Krematorium abholen, wenn man die Asche irgendwo verstreuen will. In anderen Ländern bleibt sie bis zur Beerdigung in den Händen der Friedhofsverwaltung. Auch beim Empfang der Urne kann das Etappen-Abschieds-Ritual angebracht sein, weil es trotz genauer Informationen im Voraus dennoch ein Schock sein kann, die Mutter, den Vater, die Schwester oder den Sohn plötzlich in einem metallenen oder tönernen Topf in den Händen zu halten.

Wird die oder der Verstorbene im Sarg bestattet und wurde zuvor daheim, im Pflegeheim oder in einem Totenhaus aufgebahrt, so führt die Reise im Bestattungswagen meistens direkt zum Grab und lediglich auf besonderen Wunsch – und gegen Bezahlung – in die Kirche. Meist ist ein beharrlicher Kampf nötig, um die Fahrt in die Kirche zu erreichen. Die Verabschiedung daheim kann auch mit dem Etappen-Ritual verbunden werden. Bis vor wenigen Jahrzehnten war es üblich, dass die erste Station vom Beerdigungsritus beim Wohnhaus des Verstorbenen war, von wo aus der Leichenzug hinter Ross und Wagen den Leichnam zur Kirche und hernach zum Grab begleitete. Ich war positiv überrascht, als sich vor zwei Jahren in Neapel mitten in der Via Toledo ein Leichenzug im Schritttempo durch die Haupteinkaufsstraße bewegte, der chaotische Autoverkehr völlig zum Erlahmen kam und sich niemand darüber aufzuregen schien. Die Shopping-Passanten blieben stehen, schwiegen und bekreuzigten sich, als der Sarg an ihnen vorbeifuhr.

➤ *Wie habe ich das Schließen des Sarges, den Abtransport ins Krematorium oder zum Friedhof erlebt?*

➤ *Wie erlebte ich den Moment, als ich die verstorbene Person erstmals in der Urne sah?*

➤ *Mit welchen Ritualen waren diese Momente verbunden? Und wie war die Wirkung dieser Rituale?*

➤ *Wie möchte ich, dass meine Angehörigen dereinst diese Übergänge gestalten?*

➤ *Welche Rituale fehlen meiner Meinung nach im Zusammenhang mit diesen letzten Reisen des Leichnams – im Privatbereich und im öffentlichen Leben?*

Trauer-, Abschieds- oder Auferstehungsfeier?

Trauerfeiern müssen sorgfältig vorbereitet, stimmig gestaltet und mit den Angehörigen genau abgesprochen sein, damit sie wirklich Halt geben und eine neue Perspektive aufzeigen können: »*Auch wenn es nicht ›schön‹ ist, jemanden verabschieden zu müssen, hilft das Ritual, Abschied nehmen zu können und zu dürfen*« (♀, 34 Jahre). »*Ich werde immer intoleranter gegenüber Beerdigungen im engsten Familienkreis. Wer nämlich Freunden und Verwandten dieses wichtige Abschiedsritual vorenthält, der schadet diesen. Die Beerdigung ist der wohl wichtigste Akt bei der Verarbeitung von Trauer. Meine Kinder sind genau instruiert: Niemand soll je daran gehindert werden, zuzusehen, wie mein Körper in der Erde verschwindet. Und niemand soll je daran gehindert werden, am Beerdigungsgottesdienst oder am Leichenmahl teilzunehmen. Zu wichtig ist mir dieses Ritual*« (♀, 46 Jahre). »*Als meine zwei Jahre alte Tochter durch einen Unfall ums Leben gekommen ist und ich noch keine 20 Jahre alt war, haben gut meinende Menschen mich daran gehindert, an der Beerdigung meines Kindes teilzunehmen, mit der Absicht, mich vor noch mehr Schmerz zu schützen. Erst Jahre später wurde mir bewusst, was mir durch dieses ›Schützen‹ vorenthalten wurde: Ich konnte nicht Abschied nehmen von meiner Tochter*« (♀, 36 Jahre). »*Bei Trauerfeiern grenzen die übertriebenen und ausufernden Lebensgeschichten fast an Heiligsprechungen, was mir auf die Nerven geht*« (♀, 49 Jahre). »*Was uns Halt gibt, habe ich im rituellen Gesamtkunstwerk der Beisetzungsfeier meiner Frau nachhaltig erfahren: im wunderschönen Requiem, in der Abdankungsfeier durch den Priester, der uns vor 27 Jahren getraut hat, sowie in der Beerdigung durch einen befreundeten Pater*« (♂, 59 Jahre). »*Oft berührt mich die Musik mehr als die Worte des Priesters*« (♂, 51 Jahre). »*Mir fehlen in Trauerzeiten und bei Beerdigungen echte Ausdrucksformen des Klagens, beispielsweise Lieder, die Ohnmacht und Hilflosigkeit stimmig thematisieren. Hilfreich finde ich bei Beerdigungen traditionelle Formulierungen wie ›Herzliches Beileid‹. Sie ermöglichen mir, meiner Trauer und meinem Mitgefühl Ausdruck zu geben, ohne dass ich um Worte ringen muss.*« (♀, 41 Jahre). »*Ich finde es schade, dass bei Beerdigungen die Beto-*

nung auf dem Abschied liegt und nicht so sehr auf der Ankunft in einer anderen Welt. Tod bedeutet Leben, Wandel, Neugeburt, nicht Auf-nimmer-Wiedersehen« (♀, 40 Jahre).

Meist beginnt das mehrteilige Begräbnis mit einer Trauerfeier in der Kirche oder in einem religiös neutralen Raum auf dem Friedhofsgelände, ehe man am Grab den Leichnam oder die Asche der Erde übergibt. An manchen Orten erfolgt das Ritual in umgekehrter Reihenfolge: Zuerst wird am Grab der Sarg oder die Urne bestattet und anschließend findet die Feier in der Kirche oder in einem feierlichen Saal statt. Ich wähle hier die erste Reihenfolge, weil ich sie von den thematisierten Veränderungsprozessen her logischer finde.

Bei der Trauerfeier war es früher üblich, dass vor dem Altar der *offene Sarg* aufgebahrt war, an dem sich alle vom Leichnam verabschieden konnten. Nur wenn es aus hygienischen Gründen absolut unmöglich ist, würde ich auf diese Art der Präsenz des Verstorbenen verzichten. Der einzige Nachteil der Präsenz des Sarges ist, dass im Fall einer späteren Kremation die Beisetzung oder Verstreuung der Asche für viele nicht erlebbar sein wird. Ist der Leichnam in der Trauerfeier nicht physisch präsent, sollte man unbedingt ein möglichst *großes Porträtbild* vor den Altar stellen. Auch das Aufstellen von ein paar *Gegenständen aus dem Leben* der Verstorbenen, auf die man im Lebenslauf oder bei Statements von Angehörigen eingeht, finde ich stimmig. Gleich zu Beginn der Feier gestalte ich ein aus dem Islam entnommenes *Versöhnungsritual*, in dem alle der Verstorbenen ihre Fehler und Verletzungen vergeben und umgekehrt auch sie bitten, auch uns Verzeihung zu schenken. Gerade bei unerwarteten Todesfällen gibt es immer Ungesagtes und Unversöhntes, das den Hinterbliebenen das Loslassen erschwert. Das bloße *Vorlesen des Lebenslaufs* empfinden viele als formalisiert und manchmal sogar als verlogen und begrüßen es, wenn drei bis vier Personen aus verschiedenen Lebensphasen des Verstorbenen etwas Authentisches erzählen. Eine *Auswahl von Texten und Musikstücken* gibt der Feier einen roten Faden, der etwas mit dem Lebens-Drehbuch des Verstorbenen zu tun hat und in der *Ansprache* vertieft wird. Die Gäste können von Zuschauern zu Mitwirkenden werden, indem sie einen bestimmten *Dank oder Wunsch* vortragen und dies mit einem Zeichen verbinden. Sei es, dass sie eine kleine Kerze anzünden, einen Blumensamen in einen Topf Erde pflanzen oder den Wunsch auf ein Kärtchen notieren, das anschließend in den Sarg oder ins Grab gelegt oder an einen Baum gehängt wird, der für den Toten gepflanzt wird. Man kann den Dank, Wunsch oder *Gruß auf die Urne schreiben* oder auf den Sarg. Bei mehr als hundert Mitfeiernden kann dieses Ritual allerdings sehr lange dauern. In diesem Fall kann man bereits während der Tage der Aufbahrung farbige Stifte zum Bemalen oder Beschriften neben die hölzerne Urne oder den Sarg legen. Am Ende der Feier kann man den Gästen an der Türe ein *Sterbebild* oder sonst ein kleines *Geschenk zur Erinnerung* mitgeben. Am Ausgang kann auch eine *Kollekte für eine Organisation* aufgenommen werden, zu der die Verstorbene einen Bezug hatte.

Der *Gang zum Grab* wird selten gestaltet. Dieses Dazwischen, diese Schwelle zwischen Verlassen des alten Orts und der Beisetzung am neuen Ort, empfinden viele als seltsam. Manche verweilen in stillen Gedanken oder Gebeten, andere versuchen mit Smalltalk die Stimmung aufzuheitern oder mit Bemerkungen über das Wetter abzulenken. Selten ist geregelt, wer die Urne, das Porträtbild, das Blumenbouquet und weitere Gegenstände in der Prozession trägt. Bei der Beisetzung der Jesuiten-Mitbrüder haben wir auf diesem Gang manchmal den schönen Kanon »Ausgang und Eingang« gesungen.

Am Grab finde ich *Musik* auch wichtig, wenn sie dem Verstorbenen etwas bedeutet hat. Schön ist es, wenn sich die Trauergäste mit einem Lied verabschieden. Meistens wird über dem Grab ein provisorisches *Grabkreuz* aufgestellt. Das mag Menschen ohne christlichen Bezug befremden. Doch das Kreuz ist keine christliche Erfindung und somit auch kein Kultur-Logo mit Exklusivcharakter. Vielmehr symbolisierte das Kreuz schon in Höhlenmalereien die Achsen, die Himmel und Erde und die ganze Welt verbinden. So wie die Angehörigen das Kleinkind bei der Taufe oder Segnung mit Wasser auf der Stirn bekreuzigen, können die Familienmitglieder auch am Grab ein *Kreuzzeichen auf Urne oder Sarg zeichnen*, um christliche Hoffnung auf ewiges Leben und Verbundenheit über den Tod hinaus auszudrücken. Den Angehörigen übergebe ich in Entsprechung zur Taufe immer auch eine *Kerze*, die sie anzünden sollen, wenn sie die Verstorbene besonders vermissen, oder an bestimmten Gedenktagen. Am Grab braucht es auch eine *stille Zeit*, in der sich alle innerlich verabschieden können. Diese Zeit kann man mit einem Gebet oder Lied abschließen. Danach lassen die Friedhofsdiener *Urne oder Sarg ins Grab gleiten*. Leider bestimmen heute Sicherheitsverordnungen an manchen Orten, dass der Sarg erst ins Grab gesenkt wird, wenn die Trauergemeinde verschwunden ist. Das ist äußerst bedauerlich. Denn genau in diesem Moment geschieht der Abschied radikal. Und indem die Angehörigen mit einer kleinen Schaufel *Erde auf den Sarg werfen*, betont der Klang der auf den Sarg fallenden Erde die Realität des Todes endgültig. Eigentlich wäre es am besten, die Angehörigen und Freunde könnten das ganze Grab zuschaufeln. Nach einem Segen aller Mitfeiernden können die Angehörigen den *Sarg oder die Urne mit Weihwasser segnen*. Immer öfter werfen Mitglieder der Familie auch je eine *Rose ins Grab*.

➤ Welche Elemente haben mir bei Trauerfeiern und Bestattungen besonders Hilfe, Trost und Halt geschenkt?

➤ Welche Elemente fand ich jeweils störend oder pietätlos?

➤ Wie weit habe ich die eigene Trauerfeier und Bestattung bereits geplant oder einzelne Elemente notiert?

➤ Wer soll meine Begräbnisfeier dereinst gestalten?

➤ Soll mein Sarg in der Kirche aufgebahrt werden?

➤ Welchen Bestattungsort ziehe ich vor?

➤ Hat sich mit der Lektüre dieses Kapitels mein Wunsch nach einer bestimmten Bestattungsart geändert?

➤ Welche Rituale fehlen meiner Meinung nach bei Trauerfeiern und Bestattungen?

Totenmahl

Gemeinsames Essen ist ein wesentliches Element bei Ritualen. Im Zusammenhang mit einer Trauerfeier und Bestattung scheiden sich allerdings die Geister bezüglich Essen. Die einen finden das Essen für den Trauerprozess sehr hilfreich und notwendig, andere finden das geschmacklos und störend: *»Als ich 20 Jahre alt war, schaute ich verächtlich auf Menschen, die nach einer Beerdigung zusammen aßen, tranken und lachten. Heute finde ich dies unerlässlich. Durch den Leichenschmaus erweist man der verstorbenen Person Ehre, lässt sie nochmals aufleben und akzeptiert gleichzeitig ihren Weggang. Das ist in Gemeinschaft sehr viel leichter möglich. Das Austauschen von Anekdoten verleiht den trauernden Angehörigen Halt, weil sie sich alle im gleichen Boot wissen«* (♀, 43 Jahre).

Dass die Bezeichnung für dieses Mahl so viele Namen hat, ist wohl ein Hinweis dafür, dass der tiefere Sinn dieses Rituals manchmal nicht ganz klar ist. Je nach Region bezeichnet man das Essen als Leichenschmaus, Leichenmahl, Leidessen, Leidmahl, Raue, Trauerbrot, Tröster, Leichentrunk, Leichenimms, Reuessen, Zehrung oder Totenmahl. Die Ausdrücke klingen zum Teil etwas kannibalisch. Der Leichenschmaus würdigt den Verstorbenen, weil an diesem Zusammensein viele Szenen und Anekdoten aus seinem Leben aufgefrischt werden. Das Zusammensein zeigt zudem den Trauernden, dass das Leben weitergeht. Das Essen bietet den Gästen auch Gelegenheit, die Trauerfamilie zu Gegenbesuchen einzuladen. Und schließlich signalisiert das Essen, dass die Beziehungen und sozialen Bindungen nicht nur mit dem Verstorbenen bestanden, sondern dass sie mit der Witwe oder dem Witwer weiter gepflegt werden sollen. Obwohl ich sonst an den Burschenschaften manches kritisiere, verfügen sie über das eindrücklichste Totenritual: den sogenannten Trauer- oder Totensalamander. Zwischen Bestattung und Leidessen ziehen sich alle Farbenbrüder zu einer »Trauerkneipe« zurück. Alle erhalten ein volles Glas Bier und reiben es auf ihren Holztischen, was einen magischen Klang erzeugt. Dann erteilt der Ritualleiter (Senior) das Kommando: »Ad exercicium salamandri in honorem et pro laude unseres lieben verstorbenen xy, 1–2–3 bibite ex«. Alle trinken ihr Glas in einem Zug aus, und der Senior zerschellt das leere Glas anschließend am Boden als Zeichen dafür, dass das verstorbene Mitglied nie mehr aus diesem Glas trinken wird. Dazu sagt er »fiducit«, was dem »Amen« in der Kirche entspricht. Beim Knall des Glases realisierte ich den Tod meines Vaters endgültig. Es stach ein heilvoller Schmerz tief in die Brust, der mich im Trauerprozess wie eine Meile nach vorne katapultierte.

In Russland wird beim Leidessen für die verstorbene Person jeweils ein Gedeck aufgetragen sowie ein Glas Wodka bereitgestellt, bedeckt mit einer Scheibe Schwarzbrot. Im Val d'Anniviers, einem Seitental im schweizerischen Wallis, bestimmen die Einwohner noch zu Lebzeiten – einige bereits zur Geburt, andere anlässlich der Hochzeit – einen Käselaib zum persönlichen Beerdigungskäse und lagern diesen separat ein. Der Beerdigungskäse, der dadurch in der Regel mehrere Jahrzehnte reifen konnte, wird schließlich zusammen mit jüngerem Käse am Leichenmahl verzehrt. So wird das Vergangene mit dem Gegenwärtigen vereint.

➤ *Wie weit finde ich die Mahlfeiern nach Bestattungen hilfreich, positiv und Halt gebend oder pietätlos?*

➤ *Wie möchte ich das Zusammensein nach meiner eigenen Bestattung dereinst gestaltet haben?*

Trauern und gedenken

In den Tagen zwischen Tod und Trauerfeier sowie in den Wochen danach hilft das Lesen und Schreiben von Karten und Briefen den Angehörigen in ihrem Trauerprozess. Oft entdecken sie in den Kondolenzbriefen Seiten an ihrem Vater oder an ihrer Schwester, die sie gar nicht kannten. Zum Trauerprozess gehört auch das rechtzeitige Entsorgen der Kleider und anderer Habseligkeiten der Verstorbenen.

Je nach Region wird sehr unterschiedlich der Verstorbenen gedacht. *»Das einzige religiöse Ritual, das ich bewahrt habe, ist am Grab oder in einer Kirche für liebe Verstorbene zu beten und eine Kerze anzuzünden«* (♀, 42 Jahre). *»In meinem Gebetbüchlein bewahre ich die Todesanzeigen auf und lebe daher mit den Verstorbenen weiter«* (♀, 46 Jahre). *»An Allerheiligen besuche ich das Grab meiner verstorbenen Groß- und Urgroßeltern. Anschließend genießt die ganze Verwandtschaft Kaffee und Kuchen bei meiner Oma«* (♀, 33 Jahre). Die individuellen und kollektiven Gedenktage dienen dazu, dass die Erinnerung von Mal zu Mal weniger schmerzt und dass sich die Trauer nach und nach in Dankbarkeit wandelt für die schönen gemeinsamen Momente. In ländlichen katholischen Gegenden feiert man den sogenannten Dreißigsten. Ursprünglich glaubte man, die Seele gelangte nach 30 Tagen in den Himmel. Anderswo feiert man das Sechswochenamt. Auch der erste Todestag wird bewusst gefeiert. Früher war mit diesem Fest die offizielle Trauerzeit vorbei und die Witwe durfte sich wieder farbig kleiden und an Tanzveranstaltungen teilnehmen. In katholischen Regionen wird jährlich an Allerheiligen und Allerseelen (1. und 2. November) kollektiv der Verstorbenen gedacht. Bei den Reformierten wird am Toten- oder Ewigkeitssonntag Ende November der Menschen gedacht, die im betreffenden Jahr verstorben sind.

Neben den kirchlichen Trauer- und Gedenktagen sind in jüngster Zeit einige neue Trauerrituale entstanden. Nach dem Krebstod von Apple-Gründer Steve Jobs legten Vertreter der Generation X vor seiner Firma ihre iPhones und iPads mit einer auf dem Bildschirm virtuell flackernden Kerze nieder. Wenn jemand im Straßenverkehr stirbt, werden am Straßenrand Grabkerzen und Blumen niedergelegt. Im Internet können Trauernde zum Andenken an Verstorbene virtuelle Gedenkkerzen anzünden, kondolieren oder persönliche Fotos mit Verwandten, Freunden und Bekannten teilen (zum Beispiel www.sz-gedenken.de).

➤ *Welche Rituale des Trauerns und Gedenkens finde ich hilfreich und Halt gebend, welche eher befremdend?*
➤ *Welche Rituale fehlen meiner Meinung nach in der Trauerarbeit – im privaten und öffentlichen Bereich?*

Vielleicht gehen Sie nun am Ende der Lektüre nochmals zurück zu den Diagrammen am Anfang vom Buchteil II (S. 72), von den Kapiteln 8 bis 11 (S. 85, 87, 88, 96) sowie vom Buchteil IV (S. 102).

➤ *Was habe ich bisher über Rituale gelernt? Welcher Gedanke ist mir am stärksten hängengeblieben?*

➤ *Was ist mir bei der Ritualgestaltung nach wie vor unklar oder ist sogar beim Lesen des Buches neu als Frage oder Problem aufgetaucht?*

➤ *In welchem Bereich fühle ich jetzt schon eine gewisse Ritualkompetenz und traue mir die Gestaltung eines neuen Rituals zu?*

➤ *Was hat sich durch die Lektüre bei mir verändert?*

Liebe Leserin, lieber Leser!

Unser Leben ist voller Übergänge: vom Morgen bis zum Abend, von Neujahr bis Silvester, von der Geburt bis zum Tod. Dieses Buch will Ihre Achtsamkeit fördern für die kleinen Übergänge im Alltag und die bedeutsamen Veränderungsprozesse in Ihrer Biografie. Und es will Sie ermutigen, diese Wendepunkte bewusst zu gestalten und dadurch zu erleichtern. Nun können Sie das Buch ins Regal stellen. Vielleicht nehmen Sie es in einer bestimmten Lebenssituation mal wieder heraus, um es als Nachschlagewerk, Ratgeber und Ermutigung zu konsultieren.

Dank

Dass mein lieber Freund Felix Gmür, der Ende 2010 im Alter von 45 Jahren zum Bischof der größten Schweizer Diözese ernannt wurde, Zeit fand, ein Vorwort zu verfassen, freut mich außerordentlich.

Burkhard Menke vom Verlag Herder danke ich nicht nur für die Einladung, ein Buch im renommierten Verlagshaus zu schreiben, sondern auch für den sinnvollen und mehrdeutigen Untertitel des Buches.

Sehr herzlich danke ich meinen Freundinnen und Freunden, die den Mut hatten, meine 20 Fragen zum Thema Rituale zu beantworten. Sie ergänzen meine theoretischen Überlegungen und machen das Buch lebensnah und konkret. Namentlich danke ich Alexa Vienerius, Anselm Burr, Barbara Schmid-Federer, Bea Brandenberger, Birgit Klaus, Birgit von Brückner, Brigitta Kreuzer-Seiler, Claudia Mennen, Evelyne Schärer, Farsin Banki, Flavia Schlittler, Frank Schellenberg, Fridolin Schwitter, Jürg Thommen, Karin Blum, Linus Berther, Margaretha Buric, Matthieu Camenzind, Michael Deppeler, Mirjam Pegoraro, Patricia Fent, Rachel Haag, Sonja Stirnimann, Stephan Rist, Sylvia Stam und Toni Krein.

Schließlich danke ich meiner Partnerin Karin, mit der ich nicht nur viele wunderbare Rituale im Alltag pflegen und neu erfinden darf, sondern die auch meine eremitischen Schreibphasen auf der Rigi voll unterstützt.

Für Ihre Reaktionen, Rückfragen und Anregungen bedanke ich mich in Voraus.
Meine Kontaktadresse: ritualwelt@gmail.com

Lukas Niederberger

Quellenangaben

Casals, Pablo: Licht im Schatten auf einem langen Weg. Erinnerungen, aufgezeichnet von A. E. Kahn, Frankfurt 1971, S. 10 (Kap. 2 und 6.8) (als Taschenbuch im S. Fischer Verlag, 25. Aufl. 2011).

Leuenberger, Moritz: Zitate aus seinem Referat »Rituale in der Politik«, am Internationalen Kongress »Rituale in Alltag und Therapie«, Zürich, 30. März 2001.

Paul, Jean: Werke. Band 4, Carl Hanser Verlag, München 1959–1963, S. 45.

Hinweise auf Literatur und Information

BELLIGER Andrea / KRIEGER David: Ritualtheorien. Ein einführendes Handbuch. VS Verlag für Sozialwissenschaften: Wiesbaden 1998.

BIEGER Eckhard / HIPP Theo: Mut zum Ritual. Die Kunst des Feierns. Verlag Topos plus: Kevelaer 2008.

BOFF Leonardo: Kleine Sakramentenlehre. Patmos: Düsseldorf 1976.

BUNDSCHUH-SCHRAMM Christiane: Rituale im Kreis des Lebens. Schwabenverlag: Ostfildern 2004.

DAIKER Angelika / SEEBERGER Anton (Hg.): Zum Paradies mögen Engel dich geleiten. Rituale zum Abschiednehmen. Schwabenverlag: Ostfildern 2007.

DÜCKER Burckhard: Rituale. Formen – Funktionen – Geschichte. J. B. Metzler Verlag: Stuttgart 2007.

ECHTER Dorothee: Führung braucht Rituale. Franz Vahlen Verlag: München 2011.

FIEDLER Adelheid: Ich war tot und ihr habt meinen Leichnam geehrt. Unser Umgang mit den Verstorbenen. Matthias-Grünewald-Verlag: Mainz 2001.

GRÜN Anselm: Kleine Rituale für den Alltag. Vier-Türme-Verlag: Münsterschwarzach 2012.

HARTMANN Claudia: Rituale zu zweit. Was Liebende zusammenhält. Nymphenburger Verlag: München 2006.

HOFER Markus: Männerspiritualität. Rituale – Modelle – Gottesdienste. Tyrolia: Innsbruck 2005.

IDING Doris: Rituale fürs Alleinsein. Wege zur inneren Freiheit. Nymphenburger Verlag: München 2007.

IMBER-BLACK Evan: Rituale in Familien und Familientherapie. Carl Auer Verlag: Heidelberg 2006.

KAUFMANN Franz-Xaver: Kirchenkrise. Herder: Freiburg 2011.

KÖSTER Magdalena: Den letzten Abschied selbst gestalten. Alternative Bestattungsformen. Ch. Links Verlag: Berlin 2008.

KÜPPER-POPP Karolin / LAMP Ida: Rituale und Symbole in der Hospizarbeit. Ein Praxisbuch. Gütersloher Verlagshaus 2010.

KÜPPER-POPP Karolin / LAMP Ida: Abschied nehmen am Totenbett. Rituale und Hilfen für die Praxis. Gütersloher Verlagshaus 2006.

LINKE Bernd Michael: Rituale in den Religionen. Verlag Otto Lembeck: Frankfurt a. M. 2004.

MÖDL Ludwig / STEINER Tamara: Den Alltag heiligen. Rituale, Segnungen und Sakramentalien. Verlag Katholisches Bibelwerk: Stuttgart 2008.

MÜLLER-EBERT Johanna: Trennungskompetenz in allen Lebenslagen. Vom Loslassen, Aufhören und neu Anfangen. Kösel: München 2007.

NEUHAUSER Martin (Hg.): Religion und Rituale. Akademie Völker und Kulturen 2009. Lit Verlag: Berlin 2009.

SCHINDLER Margarethe: Heute schon geküsst? – Paare brauchen Rituale. Verlag Herder: Freiburg i. Br. 1997.

STUTZ Pierre: 50 Rituale für die Seele. Herder: Freiburg i. Br. 2011.

STUTZ Pierre: Alltagsrituale (mit CD). Kösel: München, 8. Aufl. 2011.

STUTZ Pierre: Kraftvolle Rituale. rex Verlag: Luzern 2. Aufl. 2004.

TURNER Victor: Das Ritual. Struktur und Anti-Struktur. Campus: Frankfurt a. M. 2005.

VAN GENNEP Arnold: Übergangsriten. Campus: Frankfurt a. M. 2005.

VON BRÜCK Regina und Michael: Leben in der Kraft der Rituale. Religion und Spiritualität in Indien. C. H. Beck: München 2011.

VON WELTZIEN Diane: Praxisbuch der Rituale. Rituale verschiedener Kulturen und Religionen. Schirner: Darmstadt 2006.

VON WELTZIEN Diane: Rituale neu erschaffen. Rituale als Ausdruck gelebter Spiritualität. Schirner: Darmstadt 1995.

WELTER-ENDERLIN Rosemarie / HILDENBRAND, Bruno: Rituale – Vielfalt in Alltag und Therapie. Carl Auer Verlag: Heidelberg 2002.

WIEPRECHT Volker / SKUPPIN Robert: Das Lexikon der Rituale. Rowohlt: Berlin 2010.

Clemens Sedmak

Geglücktes Leben

Was ich meinen Kindern ans Herz legen will

HERDER spektrum Band 6367
128 Seiten, kartoniert
ISBN 978-3-451-06367-1

Ein kurzweilig zu lesendes Buch zur Wertedebatte aus der Sicht eines renommierten Wissenschaftlers, der zugleich dreifacher Vater ist. Für alle, die die Frage bewegt: Was will ich eigentlich meinen Kindern weitergeben?

Dr. Clemens Sedmak, geb. 1971, ist Professor für Philosophie am King's College in London und Leiter des Zentrums für Ethik und Armutsforschung der Universität Salzburg.

HERDER